ANDRIELLI RIOS

DESVENDANDO GALPÕES COM INTELIGÊNCIA

Andrielli Rios

Desvendando Galpões com Inteligência

Os Desafios por Trás da construção de Projetos Grandiosos que Integram Arquitetura Logística e Industrial de Forma Funcional e Econômica.

1ª edição

2024

Editora Anjo

DESVENDANDO GALPÕES COM INTELIGÊNCIA

AUTOR: ANDRIELLI RIOS

Projeto Editorial Completo / Editor: Andresa Stipp

Editor Chefe: Norberto Anjo Jr

Capa: Editora Anjo

Diagramação: Editora Anjo

Revisão: Cláudia Razzante

IMPRESSÃO - Grupo Editorial - EDITORA ANJO

WWW.EDITORAANJO.COM.BR

DESVENDANDO GALPÕES COM INTELIGÊNCIA

AUTOR: ANDRIELLI RIOS

1ª EDIÇÃO - SÃO PAULO

EDITORA ANJO

188 PÁGS. - ORELHAS / TIPO PAPEL:

GÊNERO: LIDERANÇA|EMPREENDEDORISMO| ARQUITETURA

ISBN: 978-85-9592-096-5

Introdução

O universo dos galpões é hoje uma das minhas paixões, esse não era um sonho de infância, mas se tornou a minha realização profissional e pessoal. Não tem como explicar como cheguei até aqui sem contar um pouco sobre a minha jornada.

Sou de Santos! E como todo bom santista acredito que minha cidade é a melhor do mundo. Eu falo "tu", chamo pão francês de "média", amo pão de cará e adoro contar que é um patrimônio santista, passei a adolescência escutando Charlie Brown e andei muito de bicicleta na Fonte do Sapo. Ficou só faltando aquela foto clássica na infância no leão da praia. PS: mãe, acho que eu ainda não superei a falta desse registro.

Desde pequena demostrava interesse por desenhos, espaços bem-organizados e a maior dúvida da minha vida era o porquê dos prédios da orla da praia serem tortos! Gostaria de contar a Andrielli de 1998 que a gente só descobriu a verdade na aula de mecânica dos solos, em 2009. Porém, a minha escolha por arquitetura não pareceu tão óbvia aos 17 anos. Estudei em uma escola que focava bastante em formar "as melhores cabeças" que entrariam nas melhores universidades do país e, por algum tempo da minha vida, acreditei que Medicina seria minha melhor escolha, mas não parei por aí, fui atrás de orientações vocacionais, passei por outras opções de curso como Administração, Veterinária e Engenharia.

Além de passar a adolescência com a cara enfiada nos livros para sobreviver naquela escola, o restante das horas do meu dia eram no dojang[1*] treinando taekwondo. A paixão pelo esporte também me fez ter dúvidas sobre a minha carreira profissional, afinal de contas com apenas 15 anos já exibia uma faixa preta na cintura e algumas medalhas. Então, parecia também um caminho natural seguir no esporte.

No retorno de uma viagem que fiz até Campinas, para visitar o campus de uma faculdade que me parecia interessante, voltei conversando com a minha mãe sobre todas essas dúvidas e ela me lembrou da Andrielli de 1998, que dizia querer ser arquiteta. Para uma jovem cheia de dúvidas essa

---

1 Dojang é um termo utilizado nas artes marciais coreanas, como o taekwondo e o hapkidô

lembrança de alguma forma me conectou com a minha essência e me fez decidir pela Arquitetura.

Agora parecia tudo resolvido, mas ainda tive que driblar algumas adversidades para que eu finalmente me sentasse nas cadeiras do Mackenzie. Enfrentei algumas críticas familiares sobre a escolha, colocando em questão o meu futuro com essa escolha de curso. Quem solucionou essa questão foi meu pai; ele me falou que eu não deveria me basear na história de ninguém e que se eu quisesse arquitetura, eu teria sucesso nesse caminho. Ah pai, obrigada por isso! Eu usei esse conselho tantas vezes e em tantos contextos que tu nem imaginas.

Esse mesmo pai que me ajudou a firmar minha escolha, também quase me mata do coração ao quase morrer do coração. Péssimo trocadilho, para contar que lutamos três meses pela vida dele e isso adiou o início de minhas aulas. A boa notícia é que ele se recuperou, viveu por mais 16 anos ao meu lado, *me* viu formada e ainda teve tempo de ler a apresentação deste livro, que hoje tenho que editar para contar que ele nos deixou em 01/07/2023, deixando-nos sem suas infinitas histórias, suas risadas e seu imenso orgulho por mim. Isso mesmo: eu sou e sempre serei o orgulho do papai, adoro esse cargo! Seus olhos brilhavam tanto quando contava a todos que eu era seu diamante bruto, que ele só precisou lapidar para que eu me transformasse em uma joia.

Foi difícil, mas me despedi da família, da cidade querida e fui para faculdade dos sonhos. Sim, eu fiz exatamente o curso que eu queria, na faculdade escolhida. Afinal de contas, a vida não é só sofrimento. Claro que eu descobriria o peso dessa escolha nos próximos cinco anos, em muitas noites sem dormir, em muitos "FATAL ERROR" e em uma infinidade de trabalhos para entregar.

E em que momento os galpões entram na história? Calma, pequeno gafanhoto, vou chegar lá! Em 2008, fiz minha carteira de trabalho e fui à luta no meu primeiro emprego. O cargo? Desenhista. Passava o dia todo adaptando projetos para a nomenclatura do corpo de bombeiros. Como consegui esse emprego? Era um amigo da minha irmã. A gente tem que começar por algum lugar, não é mesmo?

Depois disso, detalhei muitos banheiros e contei vagas de estacionamento em escritórios de Arquitetura, até descobrir que eu queria entrar em uma corporação maior e saí me candidatando para todos os programas grandes de estágio que eu achei, na época. Até que passei em um, era de uma construtora que fazia prédios populares, foi uma experiência que mudou minha trajetória. Eu entendi finalmente como funcionava uma organização maior e as minhas oportunidades seguintes de trabalho sugiram a partir do networking que fiz nessa empresa.

Foi por meio da indicação de uma amiga, que fiz na antiga empresa, que cheguei em uma das empresas de logística que se tornaria referência no Brasil. Comecei na filial de São Paulo, atuando com legalização de condomínios logísticos. Bem burocrático, mas foi fundamental para entender como funcionavam as engrenagens das máquinas públicas.

Daí para frente eu mergulhei por nove anos seguidos, dentro desse universo da logística. Passei dois anos em Vitória-ES, conduzindo as obras de lojas de Stripmalls da companhia. Era um negócio novo, que depois acabou se mostrando pouco interessante para a empresa e recebi a proposta de ir para sede da empresa, em Belo Horizonte para atuar novamente com a legalização de condomínios logísticos. Já em terras mineiras, voltei a legalizar os empreendimentos, mas quem se lembra do cenário brasileiro em 2015 conseguirá entender que o mercado dava aquela segurada nas obras, em função da alta dos juros.

Com algum tempo disponível na agenda, comecei a analisar os procedimentos da empresa e observei que, naquela época, todos os projetos da companhia eram feitos por uma única empresa e os preços me pareciam altos demais. Ali eu encontrei uma oportunidade!

Não demorou muito para eu levantar a bandeira de desenvolver os projetos internamente; meu objetivo naquele momento era gerar uma economia significativa para a empresa e conseguir trocar meu status de analista para arquiteta.

Bom, esse plano não saiu bem como eu esperava, mas, depois de algum tempo, me deram a oportunidade de desenvolver os projetos internamente. Funcionou, e isso economizou alguns milhares de reais. Junto a esse sucesso, veio a minha primeira grande frustração profissional. Não foi permitido que eu assinasse pela autoria desses projetos, justamente porque isso impactava em um aumento expressivo de salário e uma mudança de cargo. A solução foi um diretor da empresa assinar a autoria. Sabe aquele banho de água fria? É, esse foi um deles. Quando eu finalmente percebi que esse cenário não iria mudar e aquela ideia de desenvolver um escritório interno de projetos só me traria mais trabalho e nenhum reconhecimento no prazo que me parecia justo, eu decidi olhar para o mercado. Comecei a buscar algumas oportunidades, me candidatei a algumas vagas e participava constantemente de processos seletivos, mas não estava disposta a trocar seis por meia dúzia, e mantinha a régua de exigências alta para as novas oportunidades.

No meio desse processo, o setor de inovação fez uma rodada de inovação, que consistia basicamente em enviar sugestões inovadoras. Essas sugestões seriam selecionadas e votadas. A escolhida receberia verba para seguir adiante. Felizmente, eu dei a sugestão que foi escolhida, o tema era BIM (Building Information Modeling ou Modelagem da Informação da Construção, em português), uma metodologia disruptiva de projeto.

Bom, vocês já podem imaginar que o entusiasmo por ter a minha ideia sendo implantada me fez ficar na empresa. Em 2019, a implementação BIM de fato começou e eu pude liderar esse processo. Trabalhei duro demais, era uma mudança cultural, acima de tudo! Propus uma implementação em etapas, foi difícil, mas a mudança estava acontecendo. Porém, eu precisava de um engajamento maior de algumas áreas que demorou a acontecer. Enfim, as batalhas do processo.

Tudo ia bem com a implementação do projeto, mas o reconhecimento não acontecia, falando de cargo e salário mesmo, pois, no final das contas, é por onde o mercado te define. Aquele sentimento de frustração que estava sufocado pelo grande projeto voltou a me assombrar. Busquei minha liderança e, depois de algum tempo, consegui uma promoção para coordenadora de projetos, mas ela teve um gosto amargo, pois só aconteceu no dia em que eu decidi sair, justamente pela falta de reconhecimento.

Eu sufoquei esse sentimento, pois eu gostava demais daquela empresa e do projeto que eu estava tocando. Continuei a trabalhar duro com o objetivo de ser tão boa que seria impossível não me notarem. Isso me fez crescer profissionalmente tanto, que não sou nem capaz de descrever.

Inclusive, ouvir as negativas pela jornada me fizeram mais forte.

Eis que chegou a pandemia, *me* vi sozinha, em uma cidade, isolada de todo o meu ciclo social e familiar. O que sobrou para fazer?

Trabalhar. Foi isso que fiz, trabalhei muito para fazer um bom trabalho e ser uma melhor profissional a cada dia. Poucos meses antes da pandemia, comecei uma pós-graduação em BIM. E foi nesse momento que eu percebi que eu tinha avançado bastante com esse projeto que eu estava desenvolvendo, tanto que eu sentia que os conteúdos do curso eram elementares. Percebi o quanto o mercado era carente desse conteúdo e a *luzinha* do empreendedorismo começou a acender na minha mente, mas não enxergava como poderia empreender nesse segmento.

Continuei seguindo, até que passei a viver outra questão familiar. Meu pai estava doente, minha vontade de estar perto da minha família só aumentava, e a solidão da pandemia também me assombrava. Com isso, acabei conversando com meus líderes imediatos sobre a minha necessidade de voltar para São Paulo. Essa conversa chegou ao presidente da empresa. Ele me falou que havia uma cadeira esperando por mim, em São Paulo. Aqueles momentos de glória na vida! Eu esperava uma demissão e um "boa sorte" e no lugar disso ele me deu uma oportunidade. Fiquei muito feliz aquele dia, senti que, de alguma forma, eu tinha impactado positivamente aquela companhia. Ainda estávamos em pandemia, acabei ficando alguns meses em home office e, apesar do convite que tinha recebido, do presidente da empresa, para retornar para São Paulo, eu precisava estar em Santos, em São Paulo não poderia dar a minha família o suporte necessário. Sabe aquelas decisões difíceis? Essa foi uma delas, decidir sair da empresa onde eu tinha aprendido tanto, conhecido pessoas tão incríveis e desenvolvido minha trajetória profissional. Eu sentia uma gratidão profunda por todos que me apoiaram no caminho, mas ainda assim sentia que era hora de seguir adiante.

E assim eu fiz, coloquei todas as coisas no caminhão, abracei Alfredinho e Betinho, meus "cãopanheiros" de jornada, e voltamos para casa. Ah! Como é bom estar em casa! Teve até festa-surpresa no meu retorno. Tenho a felicidade de ter uma família numerosa e calorosa! Estava feliz por ter retornado, mas cheia de dúvidas sobre meu futuro. Eu tomei a decisão de sair, sem nem mesmo buscar uma nova oportunidade; eu estava emocionalmente muito desgastada para me abrir ao mercado.

Eu percebi que precisava de algo para marcar essa transição, então fiz um "mês sabático", visitei alguns países sozinha. Algo que nunca tinha feito antes, viajar sozinha. E conto para vocês, foi incrível! Eu descobri lugares novos, fiz novos amigos e o principal: *me* conectei novamente comigo. Foi transformador, recomendo demais que as pessoas viagem sozinhas! Durante a viagem, eu já recebi alguns contatos profissionais, mas que não dei muita atenção naquele momento, pois queria de fato vivenciar aquela experiência. Quando retornei, fui atrás desses contatos que me procuraram e recebi três propostas, duas delas de concorrentes diretos da empresa em que eu trabalhava e uma de um parceiro, um escritório que atendia a empresa que eu, até então, trabalhava.

Em respeito ao que eu tinha aprendido e vivenciado na empresa, me pareceu mais adequado ir para um parceiro. Na minha visão, eu ainda poderia contribuir de alguma forma com aquela empresa que já me entregara tanto. Foi assim que a minha trajetória na Smart Duo Arquitetura começou. Com um convite mais do que especial da Jessyca Lin para ficar à frente da área de novos negócios, em um primeiro momento, fiquei com receio de não dar conta do recado, pois minhas experiências anteriores estavam relacionadas a cadeiras técnicas e não tão relacionais.

Sou movida a grandes desafios e consegui um dos bons. Minha missão era diversificar a carteira de clientes da Smart Duo e dar suporte para que o desenvolvimento do BIM acontecesse de forma mais rápida. Demorei nove meses para fechar o primeiro contrato, não preciso nem dizer o quanto de ansiedade passei nesse período, mas, felizmente, a hora da colheita chegou e as coisas foram se encaixando. Depois dos primeiros contratos fechados, o nosso acordo inicial foi finalmente executado e eu me tornei sócia da Smart

Duo Arquitetura. A empreendedora que habita em mim adorou esse novo desafio!

Nessa trajetória comercial, utilizei como estratégia criar alguns conteúdos para LinkedIn em formato de vídeo, recebi alguns contatos de pessoas que eu não conhecia me perguntando se eu dava curso sobre projetos para o segmento de galpões logísticos e isso me fez lembrar da Andrielli de 2012, que buscou um livro nesse nicho e não encontrou. Tudo o que aprendi foi vivenciando esse mercado.

Contei um pouco da minha história para te mostrar de onde eu vim e porque estou falando sobre isso. Agora que já me conhece um pouco, espero que esse conteúdo seja útil para ti e contribua de alguma forma na sua jornada.

Andrielli Rios

Dedicatória

Gostaria de dedicar esse livro à memória de Wellington Menezes Rios, meu pai, primeiro fã e grande incentivador que me ensinou que eu poderia chegar até onde eu fosse capaz de sonhar. E à minha mãe, Otilia, pelo amor e suporte incondicionais. Sempre pude navegar por todos os mares, pois sabia a direção do meu porto seguro para o qual eu sempre poderia voltar, quando os ventos não estivessem favoráveis para novas aventuras.

Agradecimentos:

Agradeço a todos que, de alguma forma, me ajudaram a tornar esse livro uma realidade. A cada pessoa que passou pelo meu caminho, deixou um pouquinho de si e contribuiu na minha formação pessoal e profissional.

Um agradecimento especial à minha amiga e sócia Jessyca Lin, que me ajudou a viabilizar este livro e ao tio Ezio e tio Toninho por me ajudarem a resgatar uma história tão bonita do nosso passado.

Sumário

CAPÍTULO 01

CONCEITO DE CONDOMÍNIOS LOGÍSTICOS E BREVE HISTÓRICO

"Conceito e História":
Os condomínios logísticos surgiram como uma solução eficiente para atender às demandas crescentes do setor de logística. Seu conceito envolve a criação de espaços compartilhados, otimizando recursos e facilitando a movimentação de mercadorias.

Capítulo 01

CONCEITO DE CONDOMÍNIOS LOGÍSTICOS E BREVE HISTÓRICO

O que é um condomínio logístico? O conceito de condomínio logístico não é complexo, é basicamente uma área fechada com infraestrutura, serviços compartilhados e segurança. Ele é composto por um ou mais galpões modulares destinados ao uso logístico ou industrial, portaria com eclusa e edificações de apoio, como: restaurante, vestiários e áreas técnicas.

Já ouviu o termo "galpão de rua"? É uma forma de explicar rapidamente que o galpão em questão não está em um condomínio logístico. Eu, honestamente, acho o termo particularmente desrespeitoso e pouco esclarecedor, mas já o ouvi inúmeras vezes e não tinha como não mencionar por aqui. Afinal de contas, eu me propus a explicar esse mercado e a primeira vez que eu ouvi esse termo, sendo uma pessoa bem literal e sarcástica, pensei: "Ué, mas todos os galpões não estão na rua?"

Essas edificações, em geral, têm mais anos de vida, nem sempre têm a devida manutenção, o pé direito geralmente é mais baixo, as áreas de pátio são pequenas ou inexistentes e o sistema construtivo mais antigo. Isso significa que esses galpões estão desocupados?

Claro que não! Muitas vezes eles estão bem localizados, próximos dos centros consumidores e no caso de cidades menores podem ser as únicas opções disponíveis para os operadores logísticos e industriais se instalarem. Em regiões onde há uma maior oferta de espaços para armazenagem, eles acabam perdendo um pouco o valor de mercado e tendo valores de locação ou venda mais baixos, se comparados aos condomínios logísticos.

Mas afinal, o que esperar de um condomínio logístico?

Esses itens que vou citar não estão presentes em todos os condomínios logísticos Brasil afora, mas cada vez mais os usuários e investidores estão atentos para esses elementos na hora de comprar, alugar ou investir. Então, se estiver começando um condomínio logístico ou pensando em ocupar um, anote essas dicas para fazer o melhor negócio.

1. Localização estratégica - o local em que o condomínio está geograficamente é uma peça-chave dele. Para o usuário, uma boa localização é essencial para agilizar processos de recebimento e envio de cargas, aumentando assim a eficiência de suas cadeias logísticas. Já na visão do incorporador isso garantirá uma maior liquidez do produto seja para locação ou venda do ativo.

2. Infraestrutura completa - o condomínio precisa ter serviços de qualidade aos usuários. Considero essenciais as edificações como restaurante, vestiário, apoio caminhoneiro e portaria. Como diferencial incluiria áreas de convivência e bem-estar.

3. Administração eficiente - estar em um condomínio significa não ter que se preocupar com manutenções, limpeza e conservação das instalações nas áreas comuns. Por isso, considero parte do ativo ter uma gestão eficiente que atenda aos usuários com eficiência.

4. Segurança - itens como cercamento adequado, eclusa para controle de entrada e saída de veículos, controle de acesso de pedestres, portaria 24h blindada e circuito de câmeras são elementos importantes para esse tipo de condomínio. Itens que inclusive reduzem o custo de seguro para os ocupantes.

5. Galpão diferenciado - os itens essenciais dessa edificação são: pé direito alto, piso com capacidade de carga e sistema de proteção contra incêndio. Teremos um capítulo dedicado a explicar melhor essa edificação.

6. Áreas de manobras - os veículos pesados precisam de áreas de manobra e estacionamento adequados, assim, é necessário que os condomínios logísticos tenham pátios de manobra e bolsões para estacionamento de veículos de carga.

7. Estacionamento para visitantes - o condomínio precisa dispor de áreas de estacionamento para veículos leves com acesso seguro para pedestres.

8. Paisagismo - um paisagismo diferenciado confere beleza, mas também melhora o microclima do condomínio, garantindo maior conforto aos usuários.

9. Comunicação visual - placas de identificação das edificações, placas de identificação dos ambientes, totens orientativos, identificação dos módulos e das docas garantem uma melhor utilização da edificação.

10. Sinalização viária - dentro do condomínio também precisam existir as placas de trânsito e pintura orientativa de piso. Pois, assim como nas vias públicas, dentro dos condomínios também precisa ser seguro transitar.

11. ESG - Abreviatura para o inglês "Environmental, Social and Corporate Governance". Esse termo refere-se ao conjunto de boas práticas ambientais, sociais e de governança. Organizações públicas e privadas se preocupam cada vez mais com o desenvolvimento de forma sustentável, no universo da logística não é diferente. Diversas ações são tomadas nos condomínios logísticos de modo a minimizarem os impactos gerados pela sua operação.

1
2
3
4
5
6
7
8
9
10
11

Como começou essa onda de condomínios logísticos no Brasil?

Ser um país em desenvolvimento não é totalmente ruim, pois para "revolucionar" em um mercado pouco explorado, muitas vezes basta atentar ao exemplo de países mais desenvolvidos como os Estados Unidos, por exemplo. E não entenda isso como complexo de vira-lata, mas sim como um olhar inteligente ao que já foi testado em outros mercados mais maduros.

Vamos focar nos últimos dez anos no Brasil, pois esse segmento ganhou maior relevância nesse período, em nosso país. De 2013 até os dias de hoje, muita coisa mudou nesse setor.

O crescimento foi acontecendo, muitos empreendedores brasileiros começaram a enxergar o potencial desse segmento e as empresas multinacionais começaram a investir no mercado brasileiro.

Segundo dados do relatório da Colliers, em 2013 tínhamos 8.494m² de galpões classe A no Brasil, e no final do quarto trimestre de 2023 o inventário nacional chegava a 25.496 m².

Abaixo, imagem da distribuição dessas áreas por região do Brasil:

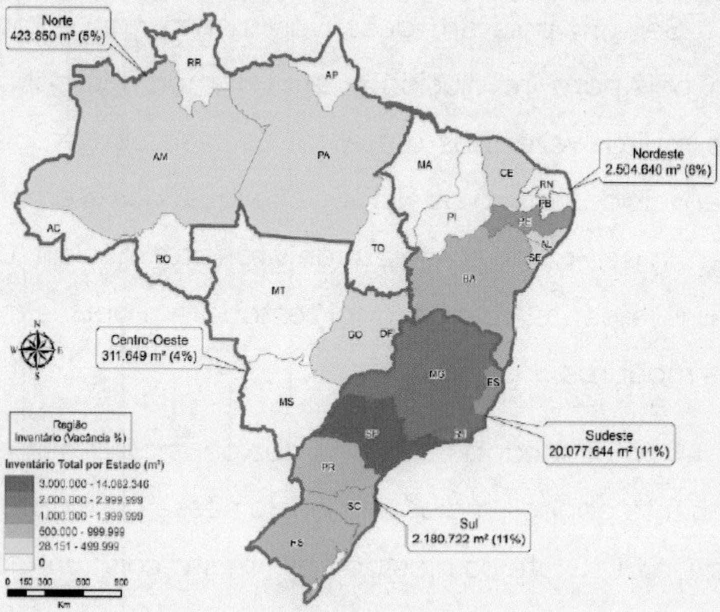

FIGURA 1_FONTE: RELATÓRIO COLLIERS 4° TRIMESTRE DE 2023.

"Os três primeiros meses de 2023 foram marcados por mais de 1 milhão de m² locados em todo território nacional. É a segunda vez que o mercado de condomínios logísticos de alto padrão consegue superar os 1,2 milhões de m² locados no mesmo trimestre. A última vez foi no 3º trimestre de 2022."

FONTE_HTTPS://REVISTA.BUILDINGS.COM.BR/MERCADO-DE-CONDOMINIOS-LOGISTICOS-PARA-ONDE-IREMOS-EM-2023/

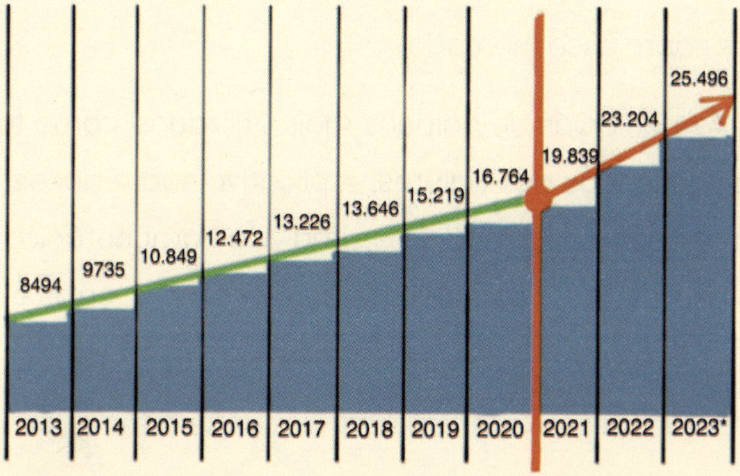

FIGURA 2_FONTE DAS INFORMAÇÕES: RELATÓRIOS COLLIERS 4T23 E 3T2019

Com isso, se compararmos os números de 2023 aos de 2013, estamos falando em um crescimento de mais de 300% em área de galpões construídos no país.

É um crescimento muito significativo, não temos como ignorar esse mercado que ganha cada vez mais força no país e que ganhou ainda mais visibilidade do seu potencial no cenário de pandemia que vivenciamos.

Nos próximos capítulos vamos passar pelos principais pontos sobre esse mercado.

As tipologias de galpões mais utilizadas, como fazer o melhor desenhos dos paletes, explicativo sobre docas, tipos de caminhões e empilhadeiras, uma visão arquitetônica geral sobre cada edificação que considero essencial, erros e acertos.

Vou te contar tudo o que vivenciei em 12 anos nesse mercado!

CAPÍTULO 02

TIPOS DE GALPÕES LOGÍSTICOS

“Galpões Logísticos”:
Os diferentes tipos de galpões logísticos, como os dedicados à armazenagem, cross-docking e BTS, desempenham papéis cruciais na cadeia de suprimentos. Cada um possui características específicas para atender às necessidades variadas das empresas.

Capítulo 2

TIPOS DE GALPÕES LOGÍSTICOS

Neste capítulo, vou explicar sobre as diferentes tipologias de galpões logísticos, mas primeiramente gostaria de falar sobre o conceito de galpão triple A. Em condomínios logísticos é o perfil predominante e é o recorte que estamos destrinchando neste livro. O que confere esse título ao galpão são algumas características construtivas, como:

- pé direito generoso com mais de 12 m livre. Esse é um fator determinante para capacidade de verticalização do estoque em estrutura porta-palete.
- piso com boa capacidade de carga, para galpões especulativos um bom número são 6 t/m^2. Além da capacidade de carga, o nivelamento a laser também é importante para diminuir o desgaste de materiais e maquinários e agilizar o trabalho.
- Boa quantidade de docas por metro quadrado. Por exemplo, se um armazém tem 1200 m^2 um número interessante seriam quatro docas para ele. Essa é uma referência que veio da vivência nesse mercado.

- Espaçamento entre pilares. É necessário que esse espaçamento seja grande para garantir melhor área de armazenamento, um número de referência é 22,50 m entre eixos. No próximo capítulo há explicações mais detalhadas a respeito de layout interno e como usar a modulação a seu favor.
- Eficiência de ocupação é a relação entre a área bruta locável pela área de útil de piso do primeiro pavimento. Por exemplo, um módulo de armazém que tem uma área bruta locável de 1500 m² e área útil de piso 1200 m², tem 80% de eficiência. Quanto maior esse número, melhor é a avaliação.
- Possuir sistema de proteção contra incêndio dotado de sprinklers. Esse item de segurança não é exigido em todas as situações pelo Corpo de Bombeiros, mas mesmo nos casos em que não se trata de uma exigência é um item que os locatários avaliam na hora de escolherem o seu galpão para operar.
- Possuir pátio de manobras adequado para veículos pesados. Um número de referência é a partir de 35 m. Quanto maior, mais confortáveis serão as manobras. Além do pátio de manobras é importante ter bolsões com vagas de espera para caminhões e carretas.

- Certificação ambiental é um item que vem sendo cada vez mais requerido pelos locatários.
- A localização estratégica também é um critério de avaliação junto ao tipo do imóvel. Se o galpão está dentro de um condomínio logístico ou não, tendo como vantagem o condomínio, pois as despesas comuns são divididas e o custo mensal fica mais barato.

Agora que você já sabe os critérios que são geralmente usados para classificar os galpões, vamos falar sobre as tipologias dos galpões. Qual a melhor tipologia? O melhor lugar é aquele que supre com excelência as necessidades da sua empresa.

Uma dúvida que surge: locar ou ter sede própria? A resposta é: depende. A locação permite maior flexibilidade para mudanças e menores custos de investimento, mas no final do dia cada empresa conhece seu caminho e suas dores. Ter uma sede própria pode ter um valor emocional enorme para uma empresa familiar, por exemplo. Então, minha proposta aqui é explicar como as coisas funcionam dentro desse segmento para você tomar a melhor decisão para sua empresa.

Galpão de armazenagem

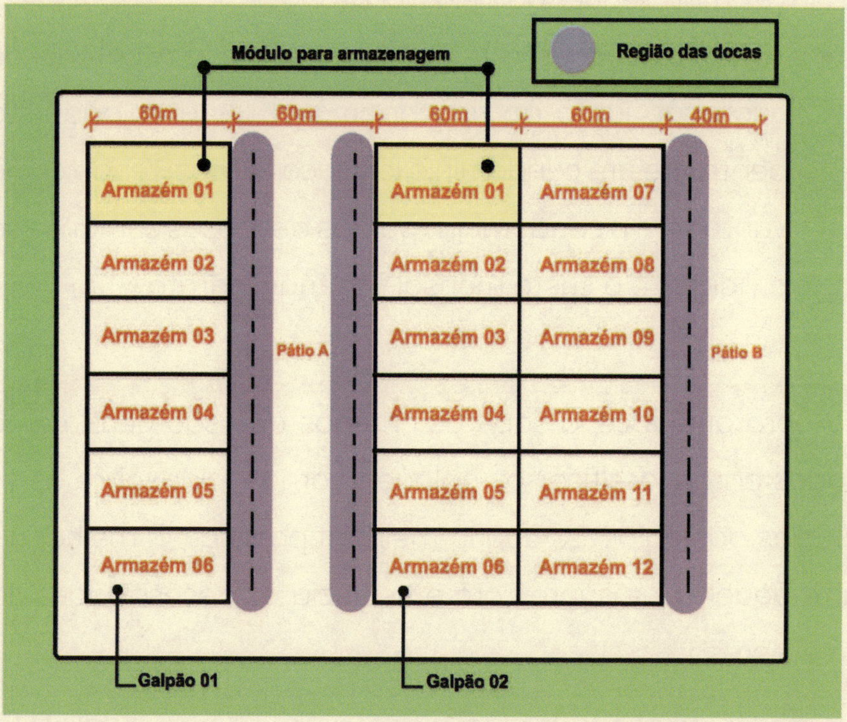

FIGURA 3_DOIS GALPÕES DE ARMAZENAGEM

Ele é o queridinho dos atacadistas, pois garante uma boa capacidade de armazenagem de cargas em estruturas porta-palete. A característica principal é possuir docas em um dos lados. Abaixo, explico duas formas dessa tipologia aparecer.

Na imagem acima temos dois galpões de armazenagem representados, sinalizei em amarelo a área referente a cada armazém. Um olhar desatento pode pensar que o galpão 2 trata-se de um cross-docking, mas na verdade são módulos para armazenagem, o armazém 01 do galpão 2 tem acesso pelo pátio A e o armazém 7 do galpão 2 tem acesso pelo pátio de 40 m. Se ocupados pelo mesmo usuário, podem ter uma operação que se assemelha a um cross-docking, mas na essência o galpão de cross-docking possui comprimento máximo de 50 m.

Galpão cross-docking

O foco desse galpão é no transporte, ele é projetado para facilitar a movimentação de cargas, eliminando a etapa de armazenagem. A característica principal é possuir docas em ambos os lados e a profundidade reduzida, geralmente, não ultrapassa 50 m.

Em uma operação logística cross-docking, os fornecedores entregam os produtos pelo pátio maior, pois nesse momento os veículos utilizados são de maior porte. Dentro do centro de distribuição há toda uma estrutura para fracionar essa carga e direcionar para os veículos que farão a entrega para o cliente.

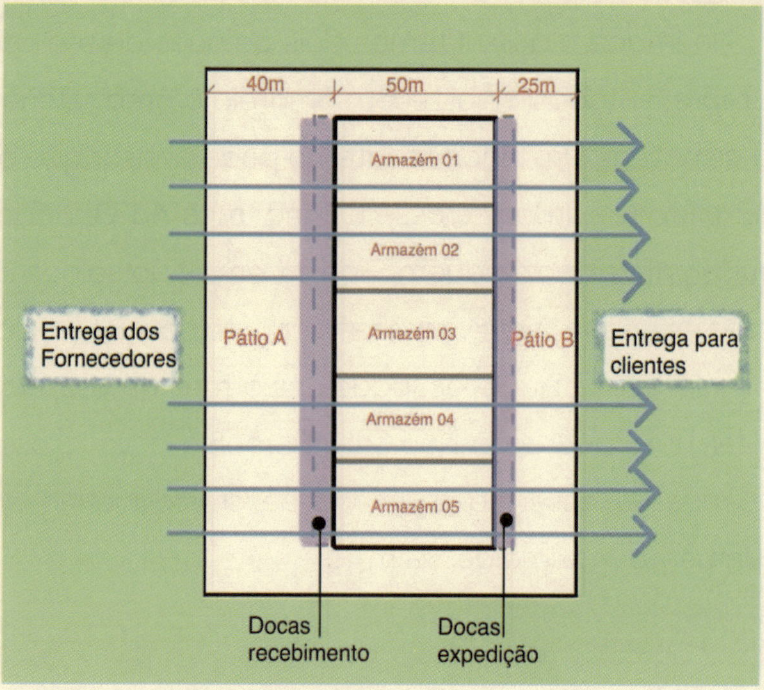

FIGURA 4_CROSS-DOCKING

Nesse caso, as cargas saem em veículos de menor porte e, com isso, o pátio de manobras posterior pode ser menor, como explicitado na imagem acima.

BTS – Built To Suit

Nesse caso, o galpão é construído sob medida para o locatário ou comprador. É planejado especialmente para atender as particularidades de cada empresa. Ele pode ser de armazenagem, cross docking ou ter um misto dessas duas soluções. A regra aqui é clara! Atender a operação do ocupante.

Falando sobre contratos de locação para esse tipo de galpão, esse padrão de locação é atípico. Geralmente são contratos de pelo menos dez anos. A lei que garantiu a viabilidade desse tipo de contrato foi a lei nº12.744/2012. Especificamente no artigo 54-A. Abaixo, um trecho da lei:

> *"Art. 54-A. Na locação não residencial de imóvel urbano na qual o locador procede à prévia aquisição, construção ou substancial reforma, por si mesmo ou por terceiros, do imóvel então especificado pelo pretendente à locação, a fim de que seja a este locado por prazo determinado, prevalecerão as condições livremente pactuadas no contrato respectivo e as disposições procedimentais previstas nesta Lei.*
>
> FONTE_LEI Nº12.744/2012 - ART.54-A

Sobre os valores de locação, para essa modalidade, eles são mais altos para que seja viável ao locador reaver todo valor investido, dentro do prazo de contrato. Para o locatário, a vantagem desse tipo de locação é ter uma estrutura totalmente personalizada para sua operação e não precisar investir o valor de implementação do empreendimento. Além disso, garante ao locador poder focar no que realmente interessa: o seu negócio, e não ter que se preocupar com questões sobre legalização e construção da sede.

Agora que você já entendeu as tipologias dos galpões, vamos entrar dentro deles e entender sobre seu layout interno, modulação ideal e estruturas porta-palete.

Vire logo esta página para saber sobre o que estou falando!

CAPÍTULO 03

EXPLICANDO SOBRE PALETIZAÇÃO

"Paletização e Eficiência":
A técnica de paletização é fundamental para maximizar o espaço de armazenamento e agilizar a movimentação de cargas. Com ela, os produtos são organizados em paletes padronizados, otimizando o uso do espaço e facilitando o manuseio.

Capítulo 3

EXPLICANDO SOBRE PALETIZAÇÃO

No capítulo anterior falamos sobre os tipos de galpões, agora vamos falar um pouco sobre o que acontece por dentro deles. Porque a modulação de 22,5 m é tão usual. Seria um número cabalístico? Claro que não, mas a única razão que fez sentido para mim é essa que vou apresentar agora. E qual é ela? O layout interno das estantes porta- palete.

Antes, vamos dar um passo atrás. Você sabe o que é uma estrutura porta-palete?

É uma forma de organizar mercadorias no estoque. Os produtos são colocados em caixas em cima dos paletes, que podem ser de madeira ou plástico. Esses paletes recheados de mercadorias são dispostos no espaço do armazém, de modo a garantir mais capacidade de armazenamento de carga.

A altura de armazenagem vai depender do pé direito livre do armazém, mas, em geral, para um armazém de 12 m de pé direito livre conseguimos chegar a 6 alturas de paletização.

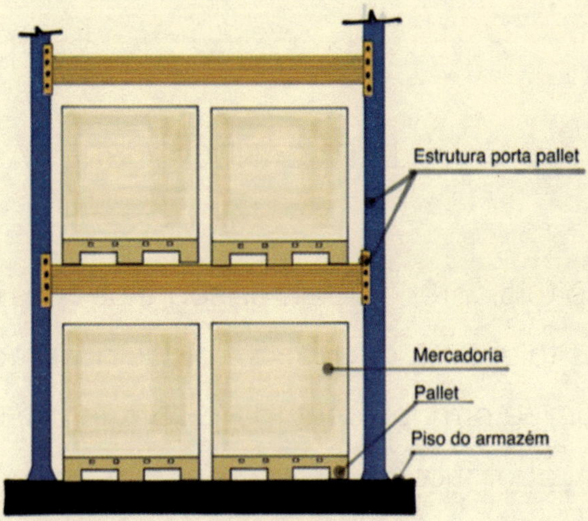

FIGURA 5_EXEMPLO DE ESTANTE PORTA-PALETE VISTA FONTAL.

A modulação entre eixos de 22,50 m garante um maior aproveitamento do espaço para locação das estruturas porta-palete. Volume de armazenagem é dinheiro quando estamos tratando de armazenamento, então, quanto mais inteligente for seu layout interno, mais economia você conseguirá dentro do seu armazém.

Só pode ser feito com 22,50 m entre eixos? Claro que não, vou citar um exemplo onde em que esse número pode não ser interessante. Imagine que o operador logístico utiliza empilhadeiras mais modernas que caminhem em corredores mais estreitos que o usual. Nesse caso, pode fazer sentido uma modulação diferenciada, mas para galpões mais flexíveis os queridinhos 22,50 m entre eixos continuam atendendo bem. Na figura 6 mostro o exemplo de um layout interno de armazém para ficar mais claro o que expliquei acima. Esse modelo que expliquei é a clássica estrutura porta-palete, mas hoje existe uma infinidade de possibilidades para armazenagem específica, para cada tipo de operação. Como por exemplo, o Movirack, em operações onde a movimentação de palete é menor, isso quer dizer, que o produto fica estocado por mais tempo sem tanta movimentação, e pode fazer sentido utilizar as estantes deslizantes para garantir maior capacidade de armazenagem. Para armazéns refrigerados pode ser especialmente interessante, pois o sistema proporciona notável e permanente economia de energia, já que será necessária uma área menor. O importante é conhecer e entender os pormenores da sua operação para avaliar qual solução de armazenagem mais atende à sua operação; pode ser inclusive uma solução mista entre estantes convencionais, estantes deslizantes e áreas de picking. Não tem jeito, cada caso, é um caso!

Além desse exemplo que citei, quando entramos no mundo da automação da operação, o céu é o limite. Existem inúmeras possibilidades, mas para operações que comportam esse tipo de investimento é simplesmente incrível de se ver. O armazém trabalha com o mínimo de mão de obra humana e consegue um nível de assertividade e eficiência espetaculares, mas tudo isso tem um preço a ser pago. Quanto maior a customização, maior o custo e menor a flexibilidade para expansão ou mudança de local de operação. Todos esses pontos devem ser colocados na balança para definir qual o tipo de estrutura porta-palete ideal para sua operação.

Participei de um projeto de uma grande loja de produtos de vestuário, eles optaram por utilizar uma tecnologia conhecida como autostore. Na época seria o primeiro autostore do Brasil. Esse equipamento custou mais caro do que o próprio centro logístico, mas a inteligência da automação era impressionante. Imagine que o cliente fez a compra e solicitou uma camiseta branca M, um cinto de couro preto e um óculos de sol. O operador dá o comando para o equipamento e ele faz toda essa separação de forma automática e coloca na caixa. O operador confere e manda para expedição. Pensa na velocidade que isso gera para a operação! Pesquise o termo autostore e assista vídeos para entender um pouco melhor esse modelo de automação. Apenas com palavras é difícil descrever como a mágica acontece.

No próximo capítulo vamos falar um pouco sobre as tipologias de docas e seus principais acessórios. Cada operação pode demandar um tipo de doca ou acessório diferente para melhor fluidez das cargas. Continue a leitura para não perder a linha de raciocínio

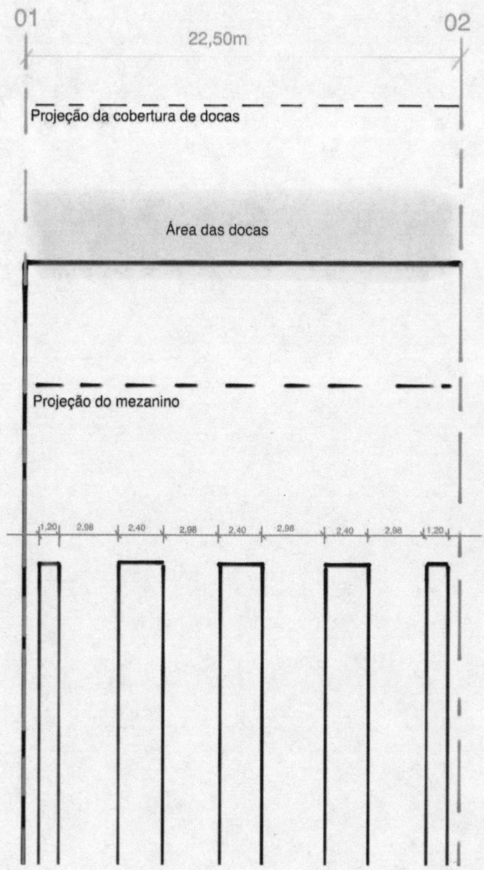

FIGURA 6_EXEMPLO DE PLANTA DE LOCAÇÃO DE ESTANTES PORTA PALETES.

CAPÍTULO 04

TUDO SOBRE DOCAS

"Docas e Fluxo de Mercadorias":
As docas são pontos estratégicos nos condomínios logísticos.
Elas permitem o carregamento e descarregamento eficiente dos caminhões, garantindo um fluxo contínuo de mercadorias.

Capítulo 4

TUDO SOBRE DOCAS

Antes de explicar a diferença entre os tipos de docas, é importante citar que não existe doca certa ou errada. Existe, sim, uma doca mais adequada do que outra para determinado tipo de operação e isso está atrelado à produtividade que ela oferece. Considerando que o tempo é um fator determinante, quanto mais rápido for o carregamento ou descarregamento, mais produtiva é essa doca para a operação. Nas próximas páginas, vou descrever essas diferentes tipologias de docas e seus principais acessórios utilizados.

Doca elevada

Esse é o tipo de doca mais utilizada nos condomínios logísticos no Brasil. Suas características são:

- Diferença de nível entre o pátio de manobras e o armazém. Uma medial usual é 1,30 m, mas pode variar se for para uma operação específica, com caminhões maiores ou menores.

- Pode possuir cobertura de doca para proteção contra chuvas ou abrigo de doca.
- Pode possuir nivelador de doca. Esse elemento ajusta pequenas diferenças de nível entre o armazém e o caminhão, garantindo mais segurança e agilidade na operação.
- Carregamento e descarregamento feitos pela doca traseira. (back door)

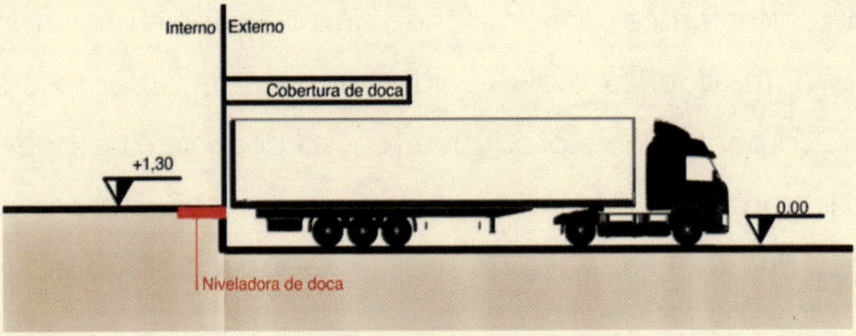

FIGURA 7 – EXEMPLO DE DOCA ELEVADA EM CORTE

Doca no nível do pátio

Essa tipologia não é muito utilizada em galpões Triple A. É mais comum de ser vista em galpões antigos que não estão em condomínios logísticos ou em operações específicas, como por exemplo armazéns destinados a empresas de bebidas. Suas características são:

- Não há diferença de nível entre pátio de manobras e armazém.

- Em função da diferença de nível, o carregamento ou descarregamento deve ser feito com auxílio de uma empilhadeira. Essa empilhadeira precisa sair para o pátio para conseguir fazer a movimentação da carga.
- Carregamento e descarregamento feitos pela doca traseira (back door) e lateralmente.

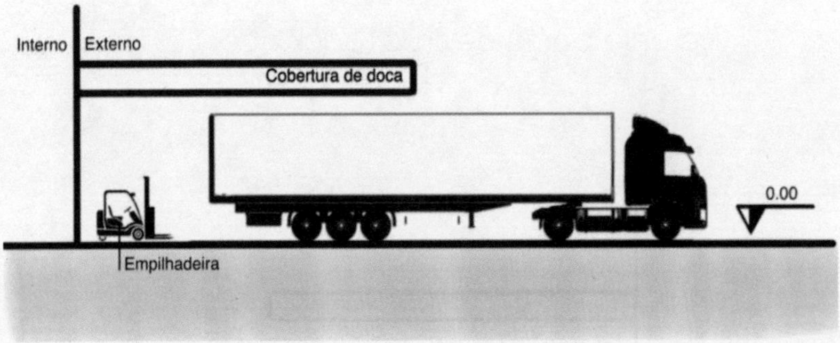

FIGURA 8_EXEMPLO DE DOCA NO NÍVEL DO PÁTIO EM CORTE

É interessante ressaltar que para essa tipologia há também a possibilidade de o caminhão entrar dentro do armazém. Isso vai depender das características da operação e das definições de projeto.

Doca Sider ou Trilateral

Essa tipologia é feita para caminhões sider, aqueles que têm abertura lateral (comuns para empresas de bebidas). Suas características são:

- Garante maior agilidade no carregamento e descarregamento.
- Possui plataformas laterais, permitindo que o caminhão seja descarregado de forma simultânea em ambos os lados com o auxílio de empilhadeiras, que podem transitar nas plataformas.
- Permite descarregamento lateral (preferencial) e pela porta de trás (back door).

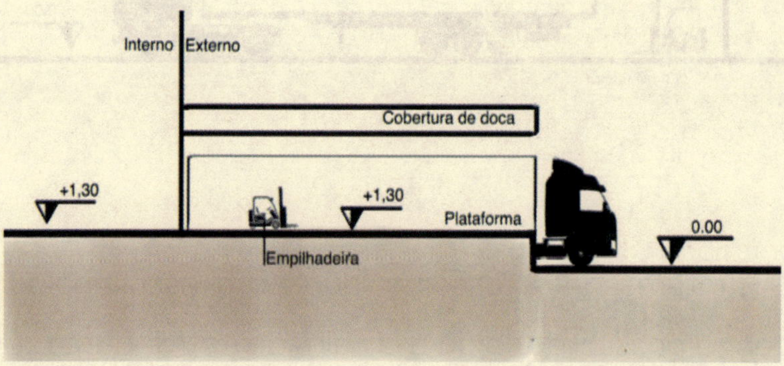

FIGURA 9_EXEMPLO DE DOCA SIDER EM CORTE

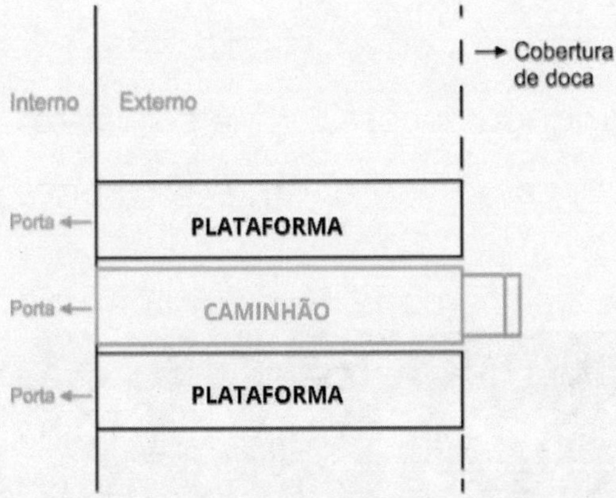

FIGURA 10_EXEMPLO DE DOCA SIDER EM PLANTA

Elementos complementares da doca

Não tem como falar em docas sem explicar sobre alguns de seus complementos. Um deles é a niveladora de docas, ela pode ser embutida no piso ou ser frontal, eletro-hidráulica ou manual mecânica. Há uma variedade grande de fabricantes e capacidades. É necessário avaliar qual a mais adequada para o seu tipo de operação. Vou explicar algumas das características principais. O objetivo desse elemento é criar uma ponte entre o piso do armazém e o piso da carroceria do caminhão. Isso permite que transite com carrinhos, paleteiras e empilhadeiras, por exemplo. Além de garantir agilidade, confere também uma segurança maior para os trabalhadores, pois não fica um vão entre o piso do armazém e o piso da carroceria do veículo.

Niveladora embutida no piso:

Essa demanda necessita que seja feito um nicho para abrigá-la e tem como vantagem não impactar na área de manobras.

FIGURA 11_FONTE_SHITPS//WWW.ABGSISTEMAS.COMBR/NIVELADORA-DE-DOCA-EMBUTIDA-ELETRO-HIDRÁULICA-KIL

Niveladora frontal:

A instalação dessa é mais fácil, podendo ser utilizada em imóveis já prontos, sem demandar reformas.

FIGURA_12_FONTE_HTTPS://WWW.ABGSISTEMAS.COM.BR/NIVELADORA-DE-DOCA-EMBUTIDA-ELETRO-HIDRAULICA-KRL.I

Outro elemento que aparece bastante é o abrigo de docas, esse elemento promove uma vedação da doca, proporcionando maior segurança e economia de energia no caso de armazéns refrigerados.

FIGURA_13_FONTE_HTTPS:KOPRON.COM//PT/NEWSDETAILS/SEGURANCA-ABRIGO-DE-DOCA

As mercadorias chegam e saem das docas por meio dos caminhões e transitam dentro do armazém com auxílio de empilhadeiras. Na próxima página vou explicar as tipologias mais comuns de caminhões e empilhadeiras.

CAPÍTULO 05

TIPOS DE CAMINHÕES E EMPILHADEIRAS

“Caminhões e Empilhadeiras”:
A escolha adequada de caminhões e empilhadeiras é essencial para a operação logística.
Veículos adaptados às necessidades do condomínio garantem agilidade e segurança ao transporte de cargas.

Capítulo 5

TIPOS DE CAMINHÕES E EMPILHADEIRAS

A proposta deste capítulo é falar sobre os tipos mais comuns de empilhadeiras e caminhões que existem no mercado e explicar a interface desses elementos com o centro logístico.

O que é uma empilhadeira?

Empilhadeira é um equipamento utilizado no transporte de carga, de diferentes tamanhos. Existem vários modelos no mercado que vão atender a diversos tipos de operações.

A capacidade de carga do equipamento é uma das diretrizes para escolher o modelo ideal para sua operação. A definição sobre o local de utilização também. Ambientes internos e externos demandam equipamentos distintos.

- Equipamentos sem elevação: transpaleteiras manuais e elétricas.
- Empilhadeiras elevadoras: empilhadeiras manuais, empilhadeiras contrabalançadas, empilhadeiras retráteis, empilhadeiras trilaterais etc.

As empilhadeiras elevadoras são mais relevantes para nosso caso, elas exercem influência direta no armazém, pois determinam a largura mínima entre os corredores. Por isso, uma boa escolha de empilhadeira é essencial para garantir a melhor utilização do espaço disponível.

Abaixo, há uma tabela comparativa para entender melhor a relação do modelo da empilhadeira, sua altura máxima de elevação e o corredor mínimo necessário para sua operação.

Tipo		Altura de elevação	Corredor mínimo livre	Sistema de funcionamento
Empilhadeiras		3,00 - 6,50 m	2,10 - 2,20 m	Manual
Empilhadeiras convencionais (contrabalançadas)		7, 50 m	3,20 - 4,00 m	Manual
Empilhadeiras retráteis	Normais	8, 50 m	2,70 - 2,80 m	Manual
	Altas	10, 50 m	2,90 - 3,00 m	Manual
Empilhadeiras tipo torre trilaterais		> 12,00 m	1,70 - 1,80 m	Manual
Empilhadeiras tipo torre bilaterais		> 12,00 m	1,50 - 1,60 m	Manual
Transelevadores		> 40,00 m	1,50 - 1,60 m	Automático

As medidas indicadas dos corredores são para a utilização de europaletes manipulados pelo seu lado estreito. Valores aproximados.

FIGURA_14_FONTE_&-HTTPS://W-TAMECALUX.COM.BR/MANUAL.DE ARMAZENAGEM/EMPILHADEIRAS/COMPARA-TIVA-EMPILHADEIRAS

E os caminhões, quais os tipos?

Existem diversos tipos de caminhões no mercado, cada um indicado para uma determinada carga ou trajeto. Alguns são mais adequados para longas distâncias e outros se adequam ao perímetro urbano.

O ponto mais relevante para a interface com os condomínios logísticos é o comprimento máximo do caminhão e a carga total. O pavimento deve ser reforçado para suportar o trânsito dos veículos pesados. É interessante reforçar as regiões de docas, portaria e regiões curvas com pavimento em concreto para garantir maior durabilidade.

Em geral, utilizamos como referência veículos de 19,80 m para estudar os raios de giro para dimensionamento de pátios de manobra e estacionamento.

O rodotrem é um veículo mais específico e só consideramos seus raios de giro em empreendimentos BTS quando demandado pelo cliente.

Abaixo, uma tabela comparativa com tipo de veículo, quantidade de eixos, comprimento máximo e capacidade de carga:

	Tipo de Veículo	Eixos	Comprimento Máximo (metros)	Capacidade máxima de transporte (toneladas)
	3/4 ou VUC (Veículo Urbano de Carga)	2	6,3	3
	Toco	2	14	6
	Truck	3	14	10-14
	Cavalo Mecânico Simples	2	Conforme o semirreboque	Conforme o semirreboque
	Cavalo Mecânico Trucado	3	Conforme o semirreboque	Conforme o semirreboque
	Conjunto Carreta 2 eixos + Cavalo Mecânico Simples	4	18,15	33
	Conjunto Carreta 3 eixos + Cavalo Mecânico Simples	5	18,15	41,5
	Bitrem	7	19,80	57
	Rodotrem	9	30	74

FIGURA_15_FONTE_HTTPS://GESTRAN.COM.BR/PRINCIPAIS-TIPOS-DE CAMINHOES/

No próximo capítulo, vamos entrar nas edificações mais comuns nos condomínios logísticos e entender alguns porquês. Pega sua botina e vamos colocar o pé no asfalto quente para chegar em cada uma delas!

CAPÍTULO 06

EXPLICANDO OS CONCEITOS ARQUITETÔNICOS DE CADA EDIFICAÇÃO

"Por Onde Começar na Construção":
Construir um condomínio logístico requer planejamento minucioso. Desde a escolha do terreno até a definição do layout, cada passo deve ser estrategicamente pensado.

Capítulo 6

EXPLICANDO OS CONCEITOS ARQUITETÔNICOS DE CADA EDIFICAÇÃO

Você já teve dúvidas sobre quais edificações principais compõem um condomínio logístico? O galpão é o óbvio, mas, além dele, quais itens são necessários para que o usuário tenha a melhor experiência? Para responder essas e outras tantas questões vou passar de edificação a edificação, explicando um pouco do conceito arquitetônico de cada uma.

O condomínio logístico tem algumas edificações que não podem faltar. São elas: galpão, portaria com apoio administrativo, apoio caminhoneiro, restaurante ou marmitório, vestiários e abrigo de lixo. Além dessas, temos também as edificações com finalidades técnicas, como: cabine de medição, castelo d`água e casa de bombas. Sua necessidade vai depender do porte do empreendimento e de questões especificas do local, para esses casos, é necessário um estudo mais aprofundado do terreno em questão.

Sempre sugiro também o acréscimo de áreas de convivência externas e lazer coberto, de modo a garantir a melhor experiência do usuário. Para personalizar ainda mais essa experiência pode-se acrescentar elementos regionais, por exemplo, o povo nordestino gosta de descansar em redes. Por que não incluir um espaço para redário e deixar a experiência do colaborador incrível? Já o pessoal do sul do país adora um bom churrasco, então vamos de área de descontração com churrasqueira disponível para fazer bonito!

Quando falamos então de empreendimentos sob medida, o built to suit dá para customizar ainda mais e acrescentar o que o cliente demandar. Já vi em projetos, espaços como creche para os filhos de colaboradores e salão de beleza. Hoje, cada vez mais, as empresas têm uma preocupação com a experiência do colaborador e satisfação no trabalho, com isso, a demanda por esse tipo de espaço vai crescer nos próximos anos. Pensa se não vale a pena chegar na frente e já ter um espaço diferenciado para os colaboradores!

Agora vamos olhar mais detalhadamente cada edificação e seus porquês?

Galpão, o protagonista dos condomínios logísticos.

Já sabemos que o galpão não é o único elemento desse tipo de empreendimento, mas que ele é o mais relevante, isso a gente não vai poder negar. Geralmente, quando inicio um estudo de implantação avalio primeiramente a melhor posição do galpão de modo a maximizar o ganho de área locável, para isso avalio as condições do terreno para entender qual a tipologia faz mais sentido e verifico qual o escopo desejado para esse empreendimento. É importante ter um estudo do mercado para entender o tipo de produto mais demandado na região.

Temos como possibilidades macro, galpão de armazenagem com pátio em um dos lados, galpão de armazenagem com pátio em ambos os lados ou galpão cross docking. Se você não lembra a diferença dessas tipologias, pode retornar no capítulo 2 onde abordei esse tema.

Depois de definir o posicionamento do galpão no terreno, tamanho do galpão, tamanho do módulo e tamanho dos pátios, vamos avaliar sobre as particularidades internas. O galpão pode ou não ter mezanino. Para galpões especulativos é comum utilizar a área acima das portas de doca para essa finalidade, pois essa área já é uma área que não podemos verticalizar com estantes porta-palete, afinal, essa região precisa ser desobstruída para recebimento e expedição dos produtos. O tamanho do mezanino para empreendimentos especulativos fica em torno de 6 a 8 m de largura em toda a extensão do módulo e o acesso pode ser feito com escada interna ao galpão ou externa.

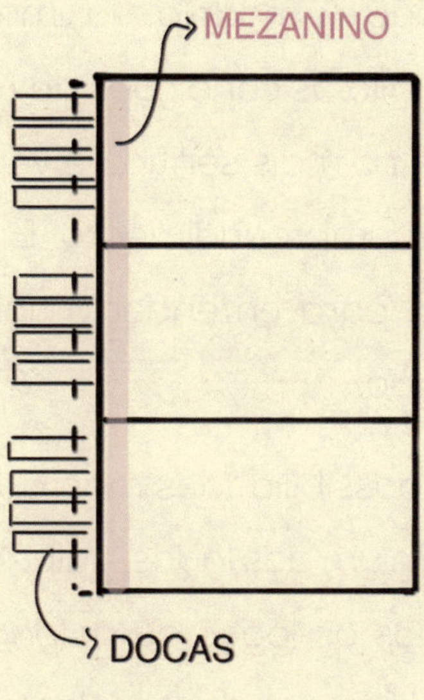

FIGURA_16_EXEMPLO DE POSIÇÃO DE MEZANINO.

O mezanino pode ser utilizado como escritório, mas também pode ser utilizado para armazenagem de carga. Importante essa tomada de decisão no início do projeto, pois a carga para escritórios e armazenagem de carga são diferentes. Ao lado, uma imagem para facilitar a visualização da posição do mezanino.

Outro elemento fundamental são os sanitários que devem atender a demanda dos usuários internos a cada armazém. Para especulativos utilizo estimativas para definir o tamanho dessa população. Como referência utilizo duas pessoas a cada 100 m² de área de piso de galpão. Essa referência obtive da vivência com esse tipo de empreendimento, não há uma regra especifica para estimar a população. Sabendo a população utilizo a referência da NR24 para definir o quantitativo de peças sanitárias.

É interessante deixar uma previsão também para uma copa e se atentar ao atendimento das normas de acessibilidade que precisam ser garantidas também dentro dos galpões. São necessários sanitários especiais femininos e masculinos. Os desníveis também precisam estar acessíveis por meio de rampas, elevadores ou plataformas.

No capítulo 15 vou contar mais sobre os tipos de materiais mais utilizados no Brasil, lá vou explicar sobre o fechamento no entorno do galpão, estrutura, cobertura, portas de doca e demais itens relevantes.

Portaria

A portaria é um elemento superimportante para garantir a segurança, pois todo o controle de acesso de veículos e pedestres passa por ela. É importante dizer que, além das questões arquitetônicas, é preciso pensar em softwares de gestão que facilitem o trabalho operacional de liberação para garantir agilidade no atendimento e evitar longas filas de veículos para entrada.

Nela, colocamos as eclusas que garantem que o veículo só acesse o lado interno após ter sido liberado pelo procedimento de acesso. A quantidade de eclusas mínimas é uma entrada e uma saída, mas o tamanho do empreendimento é que vai definir quantas faixas de entrada e saída são necessárias. É interessante ter, quando possível, mais de uma faixa de entrada, pois o gargalo é na entrada, e não na saída.

Nas eclusas é importante lembrar de deixar calçadas para o segurança transitar, evitando acidentes. Além da eclusa de veículos é imprescindível estudar os fluxos de pedestres, ter uma recepção para atendimento com local de espera, possuir equipamentos de controle como catracas ou torniquetes. Sendo os torniquetes mais seguros e a melhor opção, principalmente em regiões mais perigosas.

O condomínio precisa pensar em um espaço para seu administrativo ficar, geralmente o efetivo é composto de gerente de condomínio e um assistente, mas esse quadro varia de acordo com cada administradora e porte do condomínio. Então, é necessário prever sala administrativa, sanitários, copa e sala de reunião.

O principal recado para a portaria é que ela precisa ser muito bem analisada de modo a garantir um bom fluxo de veículos e pedestres. Com as dicas acima você já sabe os pontos que precisa ter mais atenção.

Restaurante ou marmitório

O porte do empreendimento e sua localização irão definir, muitas vezes, qual a solução de alimentação que será disponibilizada. Em regiões mais afastadas é interessante ter um bom restaurante para garantir mais conforto, visto que nos arredores será difícil encontrar opções e, dependendo do tempo disponibilizado para almoço, sair do condomínio pode se tornar inviável para a maioria dos usuários.

Quando optar pelo marmitório? O marmitório é uma solução para empreendimentos menores em que esteja difícil viabilizar a implantação de um restaurante, então, essa área precisa conter local para guardar a comida, local para esquentá-la, local para a lavagem de utensílios e local para mesas.

Se a solução for um restaurante, é preciso pensar previamente se a comida será produzida no local ou apenas esquentada. Essa definição é necessária para dimensionar o tamanho da cozinha e das áreas de apoio. Para a área das mesas, utilizamos o total da população por turno e ainda dividimos em até 3 turnos para garantir uma solução econômica, visto que os funcionários não utilizam o restaurante simultaneamente.

Por exemplo: para uma população de 100 funcionários, precisamos ter no mínimo 34 lugares disponíveis para sentarem-se simultaneamente, considerando três turnos de almoço.

E aquele cafezinho à tarde? O serviço pode ser oferecido dentro do restaurante ou ter uma área destinada para esse tipo de operação. Como alternativa pode-se utilizar máquinas de autoatendimento.

Vestiários

Os vestiários são os locais de troca dos funcionários, é necessário que esses espaços atendam de maneira confortável todos os usuários do condomínio. A regra que utilizamos para o dimensionamento é a quantidade de peças sanitárias por usuários, que está definida na NR24.

Por exemplo: para uma população de 100 funcionários, precisamos ter cinco chuveiros, cinco bacias sanitárias e cinco lavatórios. Divididos por sexo. A proporção entre vestiário feminino e masculino vai depender da natureza da operação. Cada vez mais vemos a força de trabalho feminina atuando nos condomínios logísticos, mas, em geral, utilizamos 60 a 70% para masculino por ainda representarem maior quantidade de usuários. Porém, uma ideia interessante é pensar previamente na possibilidade de reverter isso posteriormente, para que seja viável readequar os quantitativos, se necessário.

Já vi um caso em que o usuário do galpão era uma grande empresa de cosméticos e a maior força de trabalho era feminina. Foi necessário readequar os vestiários e sanitários para essa realidade, que é atípica nesse universo da logística. Então, é importante estar preparado para mudar se necessário, planeje previamente!

Além da área de sanitários, lavatórios, chuveiros e troca de roupas, precisamos prever espaço para os armários. Muitos empreendedores preferem deixar esses espaços fora do vestiário, pois assim é possível inserir um monitoramento por câmeras e garantir maior segurança para os usuários. Vale lembrar que, para o dimensionamento desses espaços, o ideal é considerar 100% do efetivo, de modo que cada funcionário tenha seu armário exclusivo, sem necessidade de compartilhamento.

Apoio Caminhoneiro

Essa edificação garante maior conforto para os caminhoneiros que chegam no condomínio. Esse espaço precisa contemplar área de chuveiros, copa para refeições, área de mesas e área de descanso. Imagina chegar cansado de uma longa viagem e ter um espaço super acolhedor para te receber? É isso que essa edificação se propõe: ser um espaço de acolhimento para os caminhoneiros.

O ideal é que ele fique antes do acesso à portaria, pois, desse modo, mesmo que o caminhoneiro ainda esteja aguardando autorização de entrada no condomínio ele já pode se beneficiar do espaço.

Abrigo de lixo

Atenção especial à separação de resíduos sólidos para que seja viável a triagem e separação dos materiais orgânicos e inorgânicos. Nesses espaços, é necessário ter áreas laváveis para garantir uma higienização adequada, espaços para separação dos materiais inorgânicos e espaço reservado para os materiais orgânicos. Alguns segmentos optam por ter refrigeração no lixo orgânico para evitar o mal cheiro, mas não é uma obrigatoriedade. Salvo, é claro, alguma regulamentação municipal direcionada para esse assunto. É importante na hora da aprovação do projeto estar atento a todos esses detalhes.

Espaços de lazer

Esses espaços garantem um maior conforto para os usuários, além de promover maior conexão entre as pessoas. Como definir o escopo desses espaços? Entendendo seu público! O que quero dizer com isso? Respeitar as características regionais para escolha desses espaços. Questões culturais e climáticas precisam ser estudadas para ter maior assertividade na definição do escopo.

Como sugestão generalista podemos considerar uma área de descanso silenciosa, área de jogos com sinuca, pebolim e outros jogos que gerem interação entre os funcionários. Mesclar entre áreas cobertas e descobertas também é valido. Lembrar de trabalhar o paisagismo das áreas descobertas para criar um ambiente menos árido e mais acolhedor.

Como eu falei, para esse escopo, o céu e o seu bolso são o limite! Já vi de tudo para esses espaços. Salão de beleza, creche, quadra poliesportiva, área de churrasqueira, área de descanso, nos mais diferentes formatos. Aqui dá para inovar bastante e criar um diferencial no seu condomínio!

Passamos pelas principais edificações, mas, como sinalizei no início, os condomínios não estão limitados a apenas essas edificações; temos edificações técnicas que serão definidas em um estudo mais apurado do local. Além disso, pode ser necessário alguma edificação especial voltada para um determinado cliente.

Outro ponto relevante é acessibilidade: todas as edificações precisam ter o cuidado de atender as exigências da norma de acessibilidade 9050/20. É um cuidado com os usuários e uma exigência sempre cobrada pelas Prefeituras na aprovação do projeto arquitetônico.

O que achou dessa caminhada por dentro de cada edificação? Conseguiu entender os principais pontos? Se não, me conta que eu escrevo outro livro. Combinado? No próximo capítulo vou contar as minhas impressões sobre o impacto da pandemia no mercado de condomínios logísticos. Passa um álcool em gel na mão e vira a página!

CAPÍTULO 07

COMO A PANDEMIA IMPACTOU O MERCADO DE CONDOMÍNIOS LOGÍSTICOS E FEZ O MARKETPLACE CRESCER

“Impacto da Pandemia e Crescimento do Marketplace”:

A pandemia trouxe desafios e oportunidades para o mercado de condomínios logísticos.

O crescimento do e-commerce impulsionou a demanda por espaços de armazenagem, tornando o marketplace uma ferramenta essencial para conectar compradores e vendedores.

Capítulo 7

COMO A PANDEMIA IMPACTOU O MERCADO DE CONDOMÍNIOS LOGÍSTICOS E FEZ O MARKETPLACE CRESCER!

A pandemia de COVID-19 criou uma revolução em nossas vidas em diversos aspectos. A reclusão tornou a reinvenção o único caminho. Tivemos que aprender novas formas de trabalhar, estudar, nos relacionar e consumir. Essa nova forma de consumir colocou os condomínios logísticos nos tempos de glória. A mudança foi tão rápida que virou uma verdadeira corrida para a aprovação e construção de galpões Brasil afora. A demanda por galpões aumentou de maneira significativa, sobravam clientes e faltava estoque de área locável.

Os grandes varejistas presentes no digital tiveram que correr para atender a nova demanda para as compras online e isso gerou uma mudança no mercado online que não tem mais volta. Os primeiros registros da existência de marketplaces são dos EUA, no início da década de 1990. Já no Brasil, foi em meados dos anos 2000 que começou a ganhar força.

Empresas como Mercado Livre e Submarino se tornaram muito fortes nesse mercado.

Desde então, esse modelo de negócio vem ganhando cada vez mais espaço, mas a pandemia acelerou bastante esse processo. Segundo a Associação Brasileira de Comércio Eletrônico (Abcomm), o setor de marketplaces cresceu 68% em faturamento, entre os anos de 2019 e 2020.

Devido à pandemia, o comportamento do consumidor mudou, mas, mesmo após o cenário da pandemia melhorar, esses novos hábitos vieram para ficar e o segmento segue crescendo. Tenho meu lugar de fala enquanto consumidora. Antes da pandemia, eu comprava eletrodomésticos e eletrônicos apenas pela internet. Na pandemia, eu me vi comprando de tudo: produtos de higiene, limpeza, roupas, mas tudo mesmo e hoje em dia sigo comprando tudo pela internet!

Agora que temos mais consumidores dispostos a comprar online, as empresas precisam se destacar de alguma forma, muitas lançaram mão de programas de fidelidade e de assinatura para saírem na frente. Foi preciso estudar e entender o que o consumidor quer, destrinchar os hábitos de consumos de cada região para conseguir traçar as melhores estratégias.

Um ponto que se identificou é a questão do prazo de entrega, fator determinante na decisão de compra. Muitas vezes, o consumidor está disposto a pagar um pouco mais para ter o produto mais rapidamente. Entendendo seu público, as empresas estão cada dia mais eficientes e o prazo, em algumas capitais, são medidos em horas e não mais em dias.

As estruturas logísticas precisam se adaptar a essas constantes mudanças do mercado. Foi necessário pulverizar e ter áreas dentro dos centros urbanos para realizar a logística da última milha (last mile). Esse trecho final do produto aonde , de fato, chega à casa do consumidor é muito relevante e uma experiência ruim coloca tudo a perder em termos de experiência do cliente. Com isso, ser eficiente na última milha também é muito importante. Um exemplo de melhorias nesse segmento é o sistema fulfillment. Ele engloba as etapas de estoque, separação embalagem, transporte e pós-embalagem. Garantindo um experiência do cliente positiva, já existem grandes empresas como Mercado Livre e Amazon que prestam esse tipo de serviço.

O elemento controlador de um sistema é o elemento mais flexível!

A frase acima é uma das pressuposições da PNL (programação neurolinguística). Essa afirmação se encaixa em muitos contextos, mas, dentro do cenário logístico, a flexibilidade é uma questão de sobrevivência, atualmente. Cada vez mais surgem modelos de negócios disruptivos que balançam os pilares do modelo de gestão logística tradicional.

Mudanças no escopo, nos volumes movimentados e no mix de produtos e serviços são algumas das inconstâncias que o gestor da operação precisa lidar e é nesse contexto que a flexibilidade é a chave para garantir uma operação logística inteligente.

O consumidor mudou! Após o cenário de pandemia de COVID-19 o consumo de produtos pela internet aumentou de forma importante, modificando de maneira irreversível o e-commerce mundial. Quem se adaptar mais rápido e encontrar a solução mais eficiente para solucionar essa equação lidera o mercado.

Como é o modelo tradicional de operação logística? Um dos pilares do modelo tradicional é a simplificação de escopo, especialização da estrutura e no ganho de escala. Essa lógica funcionou por muito tempo, em tempos em que a previsibilidade no negócio era maior. Nesse caminho, a flexibilidade além de não ser possível, não era desejável, pois era vista como aumento desnecessário de custo. O melhor mesmo seria especializar e escalar, gerando estruturas operacionais muito mais enrijecidas. Dias difíceis para os que são resistentes às mudanças!

E como um e-commerce pequeno lida com os gigantes do Marketplace? Simples, usando o melhor que ele tem a oferecer. Muitos e-commerce pequenos possuem suas próprias plataformas de vendas, mas para ganhar mais mercado vendem também nos grandes marketplaces, deste modo é possível atuar em duas frentes e aumentar as chances de vendas.

Os marketplaces agora são uma realidade e não dá nem para imaginar o mundo sem eles. Imagina só ter que ir até uma loja para comprar alguma coisa que está a dois cliques de distância!

Falando em mudanças e flexibilidade, você já utiliza a metodologia BIM? No próximo capítulo vamos conversar sobre isso para você fazer bonito por aí. Corre lá para você não ficar para trás!

CAPÍTULO 08

BIM NA LOGÍSTICA

BIM na construção: A modelagem da informação da Construção (BIM) está revolucionando o setor de projetos e obra em diversas áreas.
No segmento logístico e industrial não seria diferente.
Ela permite visualizar projetos em 3D com informação, ganhar agilidade e antecipar problemas antes da construção.

Capítulo 8

BIM NA LOGÍSTICA

Pense. Você sabe o que é o BIM? Se tivesse que responder em 30 segundos, o que você responderia? Eu entrei nesse universo do BIM em 2018 e vou te contar como aconteceu. Na ocasião, eu trabalhava em uma empresa especializada na construção de ativos para logística. O setor de inovação decidiu fazer uma rodada de novas ideias e chamou todos os colaboradores para darem sugestões de soluções que poderiam otimizar o negócio da empresa e melhorar os processos. O BIM me parecia uma resposta óbvia demais, mas como o óbvio precisa ser dito, eu decidi que essa seria minha sugestão e a mandei.

Algum tempo depois, eles me contaram que minha ideia tinha passado para a próxima fase e que eu deveria escrever algumas linhas explicando melhor. As ideias selecionadas nessa fase seriam levadas para análise da diretoria e a que fosse selecionada em primeiro lugar receberia o investimento necessário para acontecer.

A proposta passou mais uma vez e agora eu teria que definir um orçamento para a ideia ser implementada e ainda haveria uma última aprovação da alta liderança. Essa tarefa foi um pouco mais complicada, pois nesse momento eu, honestamente, entendia pouco sobre BIM, mas sabia que era uma metodologia disruptiva e inovadora.

Orçamento feito e sorte lançada. A Andrielli de 2018 não fazia ideia de que essa situação seria um divisor de águas na sua carreira. Quando mandei a ideia, nem sequer tinha refletido muito sobre o assunto.

Para minha surpresa e alegria, a ideia foi aceita e descobri que eu teria a missão de conduzir esse projeto no ano seguinte, no caso, 2019! Então pensa como comecei 2019 animada. Há algum tempo que estava um pouco cansada e me sentindo desvalorizada; meu salário estava defasado com o mercado e eu só pensava em trocar de emprego, mas o BIM me deu motivos para ficar. Lembro de ter conversado com meu líder direto na época e ele falou que não poderia me dar uma promoção naquele momento, o que ele tinha para mim era a oportunidade de conduzir o projeto BIM na empresa.

Naquele momento, fiquei frustrada com a resposta, mas eu estava tão entusiasmada para fazer acontecer o BIM que decidi ficar para ver ele tomar forma. E foi assim que começou a minha jornada BIM.

Pensou como definiria o BIM em 30 segundos? Vou te contar o que eu respondo quando me perguntam. BIM é uma metodologia de projeto onde elaboramos o 3D com informações, isso significa que cada elemento que compõe o modelo contém suas informações mais relevantes.

Só não vai responder por aí que BIM é um software, pois toda vez que alguém fala isso morre uma fadinha do BIM, então por favor, não faça!

BIM é uma sigla em inglês, Building Information Modeling, a tradução seria Modelagem da Informação da Construção. Essa metodologia envolve múltiplas ferramentas e tecnologias para chegar em representações digitais das características físicas e funcionais do objeto projetado.

Em quais software é possível projetar em BIM? A pergunta de milhões! A resposta é: depende, pois, cada disciplina terá alguns softwares que são viáveis e o que é melhor para uma situação pode não ser o melhor para outra.

Qualquer fabricante de software pode desenvolver um que esteja alinhado com a metodologia BIM, pois a integração entre os softwares é feita por meio de arquivos em formato ifc. Então, um dos pré-requisitos de um software para ser considerado alinhado com a metodologia BIM é permitir a exportação do formato ifc.

Na minha jornada BIM eu tive que escolher algumas ferramentas e vou compartilhar quais escolhi e o porquê. Para arquitetura eu precisava criar padrões e fazer isso em múltiplas ferramentas não me parecia uma boa ideia, então acabei escolhendo uma ferramenta única, para facilitar a padronização dos projetos e para conseguir treinar o time para utilização do software.

A opção mais viável para arquitetura foi o Revit, pois é mais fácil encontrar mão de obra especializada para trabalhar com ele, se comparado aos demais softwares BIM, voltados para modelagem 3D. Além disso, facilita por uma questão de licenciamento de software. Já utilizávamos outras ferramentas da Autodesk.

Para os projetos complementares, como, por exemplo: estrutural, elétrico, hidrossanitário e proteção contra incêndio não defini uma ferramenta específica, apenas coloquei alguns critérios para entrega do ifc para que fosse viável a integração dos modelos.

Para montagem do modelo federado e para planejamento utilizo o Navisworks, pois, como sinalizei, utilizar dentro do mesmo fabricante acaba facilitando a questão do licenciamento. Porém, temos outros muito bons como o Solibri, por exemplo.

É fundamental definir o CDE (Commom Data Enviroment), que é o ambiente comum de dados, a plataforma onde será feita a integração de todos os envolvidos no projeto, um repositório digital de documentos. Na implementação que estou usando como exemplo utilizei o BIM360, mas as coisas andam tão rápido que essa plataforma não é mais comercializada e deu lugar à ACC, que tem funções similares.

Um ponto importante para citar é sobre a legislação em relação ao BIM. O primeiro decreto brasileiro que trata sobre BIM é o decreto nº9.983, de agosto de 2019. O objetivo desse decreto foi promover a disseminação BIM no Brasil. Ele cita os objetivos da Estratégia BIM BR e define o Comitê Gestor da estratégia BIM BR. Esse foi um passo muito importante para o BIM, no Brasil. Abaixo, a imagem do Roadmap, que explica sobre os objetivos dentro de uma linha do tempo.

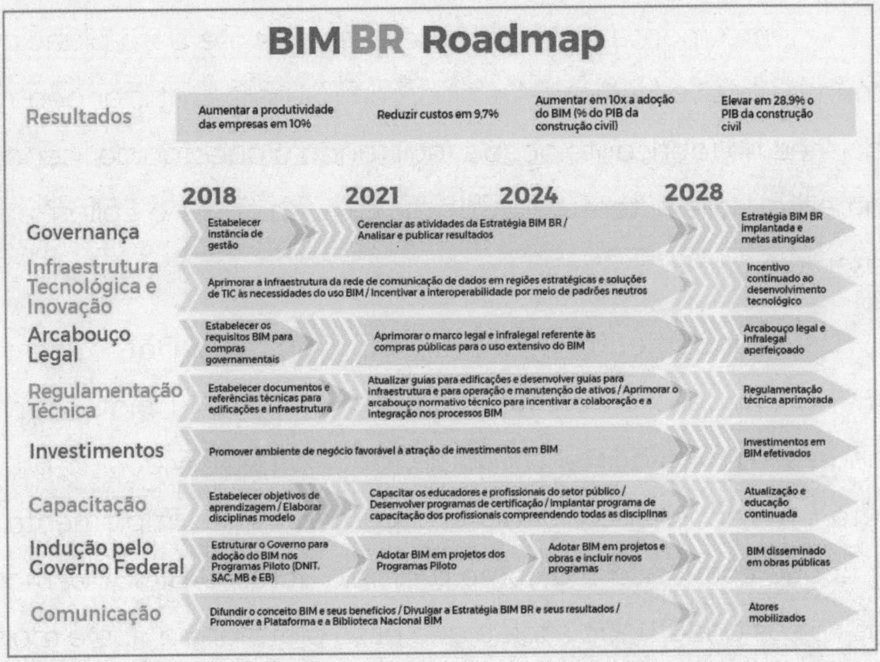

FIGURA_17_FONTE_HTTPS://WWW.GOV.BR/MDIC/PT-BR/ASSUNTOS/COMPETITIVIDADE-INDUSTRIAL/BUILDING-INFORMATION-MODELLING-BIM/26-11-2018-ESTRATEGIA-BIM-BR.ENJAR

Posteriormente, foi publicado o decreto nº10.306 de abril de 2020, esse já detalha as 3 fases de implementação BIM previstas para obras públicas e estabelece inclusive suas datas de início. O texto cita 3 fases.

Fase 1 (implementação em janeiro de 2021)

Nessa etapa, o BIM deve ser aplicado em todos os projetos de arquitetura e engenharia para obras novas e reformas. Deve ser possível extrair da modelagem parametrizada os quantitativos e realizar a compatibilização dos projetos (Isso seria o equivalente à dimensão 3D do BIM).

Fase 2 (implementação em janeiro de 2024)

Nessa etapa, todos os itens da fase 1 precisam ser atendidos e devem ser acrescidos o planejamento e orçamentação (Isso seria o equivalente às dimensões 4D e 5D do BIM).

Fase 3 (implementação em janeiro de 2028)

Nessa etapa, tudo que está definido nas fases anteriores deve ser atendido e acrescentados o gerenciamento e manutenção da edificação (Equivalente ao 7D do BIM).

Existe um conceito das dimensões BIM, temos alguma divergência nas literaturas, mas o conceito mais bem aceito é este abaixo:

- 3D: é a modelagem 3D parametrizada. Isso significa que os elementos contêm informações. Nessa etapa, já é possível criar o modelo federado, fazer a compatibilização das interferências e extrair quantitativos.

- 4D: é o planejamento de obras. O modelo e cronograma de obras juntos garantem uma representação mais ilustrativa do andamento e acompanhamento de obra, melhorando a análise e alocação de recursos de forma mais eficiente.
- 5D: é a orçamentação. Utilizando o modelo, é possível extrair as informações para orçamentação de forma mais rápida e assertiva; é possível associar o modelo a um banco de dados automatizado e ter um orçamento mais detalhado e rápido.
- 6D: é a sustentabilidade. Utilização do modelo para análises de sustentabilidade, ambientais e energéticas, garantido assim uma forma de projetar alinhada com a sustentabilidade e de fácil acesso.
- 7D: é a gestão e manutenção do ativo utilizando o modelo. Nessa etapa, são inseridas informações sobre a manutenção da edificação no modelo e isso tem um potencial incrível para quem está administrando o ativo.

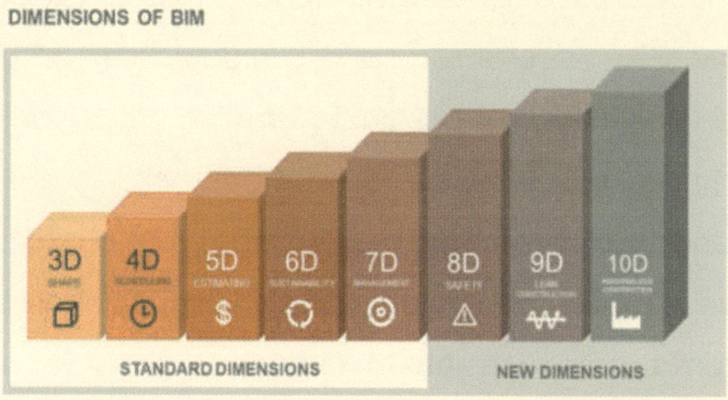

FIGURA_18-FONTE_HTTPS://WWW.GOV.BR/MDIC/PT-BR/ASSUNTOS/COMPETITIVIDADE-INDUSTRIAL/BUILDING-INFORMATION-MODELLING-BIM/26-11-2018-ESTRATEGIA-BIM-BR.ENJAR

Além destas dimensões que citei acima, vem surgindo também o conceito de 8D, 9D e 10D. O 8D está relacionado à segurança do trabalho, o 9D à construção ágil e o 10D com a industrialização da construção.

A metodologia traz benefícios para todas as obras indiferentemente do setor que estão inseridas, mas vamos fazer um recorte aqui e falar sobre as obras logísticas e industriais que são o objeto de estudo deste livro. Vou começar parafraseando o CEO da companhia que eu trabalhei: "Um dia de aluguel perdido não se recupera". O que quero extrair dessa frase? Para o universo logístico e industrial, a agilidade faz parte da regra do jogo.

Enquanto em edifícios residenciais é aceitável que a aprovação e a obra durem, às vezes de 3 a 5 anos, para um empreendimento logístico é difícil que você consiga um cliente disposto a esperar tudo isso. Um galpão de 100.000 m^2 pode ser aprovado e construído em menos de dois anos. Claro que isso vai depender da competência de quem está gerenciando a aprovação e a obra, mas é um prazo possível. A grande maioria dos projetos que já participei desse segmento tem prazos bastante arrojados.

Agilidade e BIM estão intimamente relacionados. É claro que temos uma curva de aprendizado e um nível de maturidade BIM da equipe a serem considerados, mas vencendo a etapa de implementação BIM, a utilização da metodologia nos projetos aumenta a agilidade e assertividade de forma significativa.

Certo, e por onde começar para utilizar a metodologia BIM nos meus projetos e obras? O primeiro passo você já deu, que é tomar conhecimento dos benefícios e utilizações possíveis da metodologia.

O segundo passo é organizar a sua empresa para essa nova etapa. E como fazer isso? Desenvolvendo um Plano de Implementação BIM (BIP – BIM Implementation Plan). O BIM tem três pilares: pessoas, processos e tecnologia; um bom plano de implementação precisa avaliar como estão esses três itens na sua empresa, definir as políticas, procedimentos, objetivos e ações para que os fluxos de trabalho sejam gerenciados com sucesso. Esse documento vai precisar responder perguntas como: Qual o objetivo da utilização BIM para minha empresa? Em quais projetos a empresa pretende implementar o piloto? Qual o prazo de implementação?

O terceiro passo é desenvolver o BIM Mandate da empresa; ele é um documento contendo as diretrizes gerais que são comuns a todos os projetos da empresa. Como exemplo, podemos citar o decreto nº10.306 que funciona como um BIM Mandate nacional.

Esses passos que citei já vão demandar um bom tempo. Quanto mais cuidado tomar nessas etapas, mais chances de ter sucesso nos seus projetos BIM você terá. Então minha dica é: não atropele as etapas. Sair contratando projeto modelados em 3D não significa que você está atuando dentro da metodologia BIM, não cometa esse erro. Acredite, ele é mais comum do que você pode imaginar. É importante também estudar as normas que tratam sobre BIM.

O próximo passo para iniciar uma contratação em BIM é desenvolver o BEP (BIM Execution Plan), o Plano de Execução BIM é um documento específico que vai conter informações pertinentes ao projeto que será contratado. A norma 19650 sugere que essa demanda é uma responsabilidade do contratado e deve ser uma das entregas, porém eu prefiro utilizar o BEP preliminar como um material para a cotação, dessa forma, ele precisa ser elaborado antes das solicitações de proposta aos fornecedores, deixando o mapa de cotação mais equilibrado, pois os fornecedores estão partindo de um escopo muito bem definido.

Espero que eu tenha inspirado você a utilizar a metodologia BIM nos seus projetos e que esse tenha sido o seu ponto de partida na sua jornada BIM ou tenha ajudado a aumentar o seu nível de maturidade BIM. Se quiser falar mais sobre o BIM me procure, adoro conversar sobre BIM!

No próximo capítulo, vou responder a seguinte pergunta. É melhor alugar um espaço para minha operação logística/industrial ou investir em uma sede própria? Vamos lá?

CAPÍTULO 09

SEDE PRÓPRIA OU LOCAÇÃO?

"Sede Própria ou Locação?":
A decisão entre sede própria ou locação depende de diversos fatores, como: investimento disponível, necessidades específicas e estratégias em longo prazo. Ambas as opções têm vantagens e desafios.

Capítulo 9

SEDE PRÓPRIA OU LOCAÇÃO?

Se você está pensando em investir em um espaço para abrigar a sua operação logística ou industrial, certamente você já teve dúvidas se seria melhor alugar um espaço ou investir em uma sede própria. Neste capítulo vou te falar os prós e contras para cada uma dessas situações, mas já te adianto que não existe certo ou errado para essa pergunta; é preciso avaliar caso a caso para entender qual a melhor situação.

Vamos começar pelos espaços locados. Para esse formato temos dois caminhos. O primeiro deles seria um contrato típico de locação em um condomínio logístico. Se você escolher um condomínio com boa infraestrutura terá muitos benefícios, pois é possível compartilhar as despesas com os demais inquilinos, além de contar com um espaço projetado por especialistas na área. Entretanto, esses espaços são projetados para abarcarem o maior número de operações possível, porém se a sua operação tiver muitas particularidades pode não compensar o custo das adequações necessárias. Com isso, se a sua operação não demanda muitas especificidades, a locação por meio de um contrato típico irá te atender bem.

Agora, se para operar com qualidade você precisa de um ambiente mais personalizado, minha sugestão é partir para um contrato de BTS, que em português significa *contrato sob medida*. Nessa opção, o incorporador vai atender todas as suas particularidades; em contrapartida, o custo desse aluguel é mais alto e o prazo de contrato geralmente tem no mínimo 10 anos. Outro ponto que precisa ser analisado é o tempo, pois terá que aguardar a conclusão das obras, visto que nesse formato você inicia do zero, então, você precisa considerar todo o tempo de desenvolvimento do projeto, da legalização e da construção.

Nas opções acima, estamos falando de contratos de locação, porém, no caso do contrato típico, o prazo de contrato geralmente é menor, em torno de cinco anos, o que garante maior facilidade, caso você precise trocar de localização e a multa por saída não é tão pesada como no caso de uma locação no formato BTS.

Se a sua operação demanda especificidades apenas na área do galpão pode ser um caminho para você buscar um BTS dentro de um condomínio logístico. Depois, dessa forma, você pode compartilhar os serviços de portaria, restaurante e vestiários com os demais condôminos. Essa mescla de soluções ajuda a reduzir o preço do condomínio e permite também facilidade para ampliações, em algumas situações.

Vamos falar agora da opção por sede própria. Pode ser que estejamos falando de uma empresa familiar, em que ter uma sede própria possa significar a realização de um sonho. Nesse caso, minha sugestão é que você faça uma análise das possibilidades de crescimento da sua empresa para os próximos 20 anos; se houver a necessidade de mudança de endereço, a sede própria não é o melhor caminho para você. Outro ponto importante para essa tomada de decisão é o valor a ser investido. No caso da sede própria, todo o investimento é feito pela empresa e ainda você terá que lidar com situações que não são típicas da sua operação como, por exemplo, gestão dos projetos, compatibilização dos projetos, aprovação na Prefeitura e demais órgãos competentes e gestão de obras.

Isso significa que ter uma sede própria não vale a pena? Na verdade, os pontos acima mencionados são para reflexão e não impeditivos. Para uma empresa com uma cultura mais patrimonialista pode ser um caminho mais natural. Além disso, você tem total autonomia para fazer adequações ao longo do tempo, sem demandar a aprovação do proprietário do imóvel, por exemplo.

Os riscos de uma sede própria podem ser minimizados, se você contratar os profissionais adequados. Contratar um escritório de arquitetura que seja especialista no desenvolvimento de centros logísticos e uma construtora com experiência nesse tipo de obra será fundamental para garantir o sucesso do seu empreendimento.

Agora que você já sabe dos benefícios de cada ideia, qual você acha que melhor se encaixa em suas necessidades e estratégias? No próximo capítulo, eu vou falar sobre atendimento as normas de acessibilidade em condomínios logísticos e industriais. Esse assunto é fundamental, tanto para quem vai construir a sua sede própria como para quem pretende alugar o seu espaço. Vamos lá?

CAPÍTULO 10

ACESSIBILIDADE NÃO É SOB DEMANDA

“A importância da acessibilidade”.
A Acessibilidade não é sob demanda, é um direito e um dever de todos. Ela é essencial para garantir que as edificações sejam inclusivas para todas as pessoas.

Capítulo 10

ACESSIBILIDADE NÃO É SOB DEMANDA

Acessibilidade não é sob demanda. Vamos conversar sobre isso? O que significa dizer que a acessibilidade não é sob demanda é que os ambientes precisam estar acessíveis independentemente de existirem ou não trabalhadores ou visitantes que tenham algum tipo de deficiência, visto que as leis e normas sobre acessibilidade buscam garantir igualdade de oportunidades.

O que, muitas vezes, observamos é uma resistência por parte dos proprietários de imóveis em atender as exigências de acessibilidade, pois entendem apenas como um custo extra e não se trata disso, é um dever social garantir igualdade de oportunidades e para que isso seja cumprido existem diversas leis e normas que abordam esse tema.

O que eu gostaria de sinalizar é que se a preocupação com o atendimento das normas de acessibilidade nascer junto ao projeto, os gastos são minimizados, uma vez que o arquiteto responsável pode estabelecer soluções de projeto mais adequadas. Adaptar um projeto para que ele seja acessível, em geral, custa mais caro do que projetar um empreendimento acessível.

Algo que eu acho importante esclarecer é a diferença entre leis e normas. O senso comum acredita que norma tem efeito de lei e não é bem assim. As leis existem para dizer o que deve ser feito e as normas para explicar como deve ser feito. Se houver divergências entre o texto da lei e o texto da norma, a lei é soberana.

Por exemplo, diversas cidades têm leis ou decretos municipais sobre acessibilidade, o correto seria que as leis municipais sempre estivessem de acordo com as normas técnicas, porém, em alguns casos, existem divergências e para esses casos vale a mesma recomendação que dei no parágrafo anterior, o texto da lei se sobrepõe à norma.

Quem é responsável por verificar as leis e normas que precisam ser atendidas no projeto é o responsável técnico de projeto e o responsável pela execução correta é do responsável técnico da obra. É importante também treinar a equipe que vai operar o empreendimento, pois de nada adianta um empreendimento executado corretamente e mal utilizado. Um exemplo: imagine um banheiro PCD corretamente executado, mas que permanece trancado e, quando o usuário precisa utilizar, encontra dificuldades. Nesse caso temos um erro de conduta.

Em empreendimentos logísticos e industriais é necessário que todas as áreas sejam acessíveis? Não, a norma é clara quando cita a não obrigatoriedade em ambientes de uso restrito, isso significa que as áreas técnicas classificadas como de uso restrito não precisam ser acessíveis. Veja abaixo o texto da NBR9050/20:

3.1.38
uso restrito
espaços, salas ou elementos internos ou externos, disponíveis estritamente para pessoas autorizadas (por exemplo, casas de máquinas, barriletes, passagem de uso técnico e outros com funções similares)

6.1 Rota acessível

6.1.1 Geral

6.1.1.1 As áreas de qualquer espaço ou edificação de uso público ou coletivo devem ser servidas de uma ou mais rotas acessíveis. As edificações residenciais multifamiliares, condomínios e conjuntos habitacionais necessitam ser acessíveis em suas áreas de uso comum. As unidades autônomas acessíveis devem estar conectadas às rotas acessíveis. Áreas de uso restrito, conforme definido em 3.1.38, como casas de máquinas, barriletes, passagem de uso técnico e outros com funções similares, não necessitam atender às condições de acessibilidade desta Norma.

FONTE_NBR9050/20

Vejam que temos o termo "funções similares". Nesse caso, o responsável por essa classificação é o responsável técnico do projeto e a Prefeitura precisa concordar com essa classificação. Vou dar um exemplo de classificação em um condomínio logístico hipotético. Esse condomínio é composto pelas edificações: galpão, portaria, vestiário, restaurante, cabine de medição, castelo d'água e abrigo de lixo.

- Os itens: cabine de medição, castelo d'água e abrigo de lixo, eu já classificaria como uso restrito, não sendo obrigatório atendimento às condições de acessibilidade.
- Portaria, vestiários e restaurante devem ser totalmente acessíveis, inclusive, se houver mais de um pavimento, todos precisam garantir o atendimento as normas.
- Agora em relação ao galpão, as áreas operacionais, geralmente destinadas à paletização podemos classificar como uso restrito– dentro da minha avaliação – porém, as áreas destinadas a escritórios, recepção e demais locais de acesso ao público devem atender as normas em sua totalidade.

É necessário que seu projeto seja analisado por um responsável técnico capaz de fazer essa classificação para que seja seguro na sua classificação, mas lembrando que o técnico da Prefeitura precisa concordar com a classificação. Caberá ao responsável técnico argumentar, mas quem dá a última palavra é o técnico da Prefeitura. A atualização da NBR9050/20 contou com diversas alterações que é importante serem estudadas com cuidado. Vou comentar abaixo alguns exemplos de pontos que são bem relevantes.

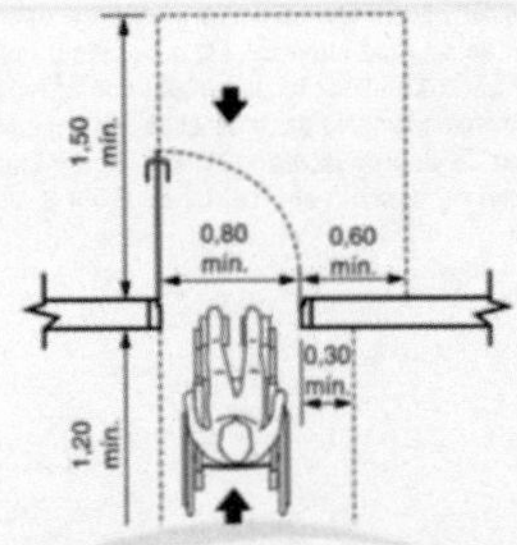

Figura 83 – Deslocamento frontal

DESLOCAMENTO FRONTAL_FONTE: NBR9050/20_ FIGURA 83

A figura 83, esclarece melhor sobre as distâncias de aproximação das portas. Significa que não basta ter 80 cm de vão livre, precisa atender as distâncias de aproximação, conforme indicado na figura.

6.11.2.4 As portas, quando abertas, devem ter um vão livre maior ou igual a 0,80 m de largura e 2,10 m de altura. Em portas de duas ou mais folhas, pelo menos uma delas deve ter o vão livre maior ou igual a 0,80 m. As portas dos elevadores devem atender ao estabelecido na ABNT NBR NM 313.

O vão livre maior ou igual a 0,80 m deve ser garantido também no caso de portas de correr e sanfonada, onde as maçanetas impeçam o seu recolhimento total, conforme a Figura 85. Quando instaladas em locais de prática esportiva, as portas devem ter um vão livre maior ou igual a 1,00 m.

Admite-se menos 20 mm nas dimensões dos vãos livres.

FONTE_NBR9050/20

O item 6.11.2.4 soluciona uma dúvida bastante recorrente: as portas padrão do mercado tem 80 cm de vão entre batentes, porém o vão luz é menor. Esse item permitiu uma diferença de 2 cm, o que significa que podemos utilizar o vão entre batentes de 80 cm, desde que o vão luz seja de pelo menos 78 cm.

6.9.3.2 Os corrimãos devem ser instalados em rampas e escadas em ambos os lados, a 0,92 m e a 0,70 m do piso, medidos da face superior até o bocel ou quina do degrau (no caso de escadas) ou do patamar, acompanhando a inclinação da rampa, conforme a Figura 76. Devem prolongar-se por no mínimo 0,30 m nas extremidades. No caso de escadas em curva, é necessário atender ao descrito em 6.8.6. Quando se tratar de degrau isolado (ver 6.7.2), a instalação de corrimão ou barra de apoio é obrigatória e deve atender ao descrito em 6.9.4.1 ou 6.9.4.2.

Dimensões em metros

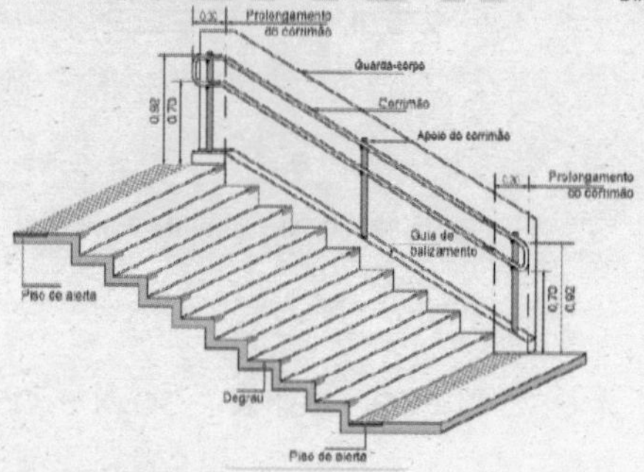

CORRIMÃO EM ESCADAS FONTE _NBR9050/20 – FIGURA_76

O item 6.9.3.2, mostra uma configuração de corrimão diferente do desenho da NBR 9050/15. Nesse novo desenho, o corrimão só fica paralelo ao piso na parte superior da escada; no início, ele deve seguir a inclinação do restante do corrimão. Perceberam quantos detalhes que precisam ser avaliados? Por isso a importância de encontrar um bom profissional para te dar todo suporte e atender todas as particularidades pertinentes ao atendimento das leis e normas de acessibilidade. *Me* promete uma coisa? Não subestime a importância de observar corretamente o atendimento às normas de acessibilidade, além de uma obrigação legal é seu dever enquanto cidadão.

CAPÍTULO 11

ONDA VERDE –WHO CARES WINS

“Sustentabilidade e Responsabilidade”:
A onda verde está cada vez mais presente no mercado. Empresas que se preocupam com questões ambientais e sociais têm maior aceitação e podem obter vantagens competitivas.

CAPÍTULO 11

ONDA VERDE – WHO CARES WINS

Como não falar sobre sustentabilidade? O projeto precisa considerar boas práticas de sustentabilidade, desde a sua concepção e durante toda sua vida útil. Para criar uma referência existem algumas certificações especificas como LEED (Liderança em Energia e Design Ambiental, na sigla em inglês) e AQUA-HQE (desenvolvida a partir da francesa Démarche HQE (Haute Qualité Environnementale) e utilizada no Brasil a partir de 2008, pela Fundação Vanzolini).

Cada vez mais o mercado cobra que os empreendimentos tenham esses selos, tanto investidores, quanto locatários fazem exigências sobre questões ambientais e acho isso extremamente positivo, pois a verdade é que enquanto o mercado não enxerga como um diferencial é difícil que o empreendedor coloque energia e recursos para esses itens.

O que podemos citar como exemplo de práticas sustentáveis para empreendimentos industriais?

- Utilização de iluminação natural dentro dos galpões por meio de domus zenital.
- Optar por cores claras no galpão (cobertura e fechamento lateral) e nos pisos.
- Utilizar pisos drenantes, sempre que possível.
- Viabilizar circulação de ar natural reduzindo o consumo de refrigeração.
- Escolher energia de fontes renováveis. Podem-se utilizar as grandes áreas de cobertura para instalação de placas fotovoltaicas
- Sistema de reaproveitamento de águas de chuva e águas cinzas.
- Gestão de resíduos na fase de obra e na operação.

Existem outras tantas práticas sustentáveis possíveis de serem utilizadas. Citei as que são mais utilizadas, mas não se limite a elas. Há muito espaço para criatividade nesse mercado.

E por que o tema ganhou maior relevância nos últimos anos?

Creio que é fruto da própria evolução da sociedade, mas também, em 2004, em uma publicação do Pacto Global, em parceria com o Banco Mundial chamada Who Cares Wins (Tradução: Ganha quem se importa) lança um desafio para 50 CEOs sobre como integrar fatores sociais, ambientais e de governança no mercado de capitais e, nesse mesmo momento, a UNEP (Iniciativa Financeira do Programa das Nações Unidas para o Meio Ambiente) lançou o relatório Freshfield que mostrava a importância da integração de fatores ESG para a avaliação financeira.

Foi nessa ocasião que o termo ESG ganhou maior relevância e hoje as empresas buscam incorporar práticas de ESG, para melhorar seus processos internos e para se posicionar melhor no mercado.

O que significa ESG?

ESG é uma sigla em inglês Environmental, Social and Governance (Ambiental, Social e Governança.). Trata-se de um conjunto de práticas ambientais, sociais e de governança organizacional focadas na sustentabilidade e não apenas no lucro.

Isso significa que as práticas sustentáveis que citei no início fazem parte da estratégia ESG e que as empresas, fundos de investimento e consumidores estão cada vez mais atentos. Avalie sobre incorporar essas práticas em sua empresa e no seu empreendimento. Vamos juntos criar uma onda verde cada dia maior?

CAPÍTULO 12

DATA CENTER X GALPÃO LOGÍSTICO

"Data Center vs. Galpão Logístico":
A comparação entre data centers e galpões logísticos é relevante no contexto da infraestrutura digital e física. Enquanto os data centers são focados em processamento de dados e armazenamento em nuvem, os galpões logísticos são espaços físicos para armazenagem e distribuição de mercadorias.

Capítulo 12

DATA CENTER x GALPÃO LOGÍSTICO

Data Center foi um tema bastante comentado em 2023, por isso decidi falar um pouco sobre a relação dele com o mercado de galpões logísticos e industriais. Uma gigante do mercado de galpões iniciou esse ano um braço dedicado para Data Center e acabou atraindo a curiosidade dos demais players para esse seguimento.

O que é um Data Center? Dá para adaptar um galpão logístico para se tornar um Data Center? Há mesmo similaridade entre esses dois mercados? Por onde começar? Vale a pena esse segmento? Vou responder a essas e outras perguntas neste capítulo.

> *"Um datacenter corresponde a um local físico que armazena máquinas de computação e seus equipamentos de hardware relacionados. Ele contém a infraestrutura de computação que os sistemas de TI exigem, como servidores, unidades de armazenamento de dados e equipamentos de rede. É a instalação física que armazena os dados digitais de qualquer empresa."*

FONTE_HTTPS://AWS.AMAZON.COM/PT/WHAT-IS/DATA-CENTER/

O Data Center tem alguma similaridade com um galpão para logística, pois a forma arquitetônica se assemelha, porém as premissas e particularidades são completamente distintas. Então, adaptar um galpão existente para se tornar um data center não me parece um caminho possível.

Os mercados começam com certas áreas em comum. Por exemplo, é preciso buscar um terreno bem localizado e conseguir todas as aprovações para que se inicie a construção, porém as premissas de escolha da área são diferentes. Uma particularidade do Data Center é que ele precisa estar muito próximo de uma subestação de energia da concessionária ou ao menos de uma rede de alta tensão.

Para esse segmento, quanto mais energia se consegue trazer, melhor é para o segmento. Eles chamam isso de densidade, então, quanto maior a densidade de energia por rack, melhor. Abaixo, uma imagem exemplificando um Data Center de baixa densidade e um Data Center de alta densidade.

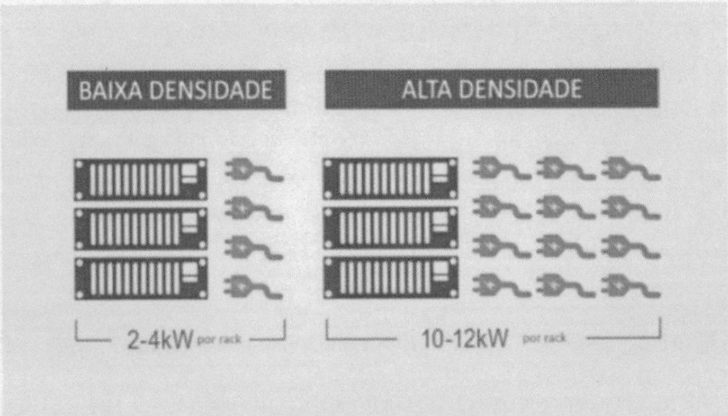

FIGURA_19_FONTE_HTTPS://WWW.GOV.BR/MDIC/PT. BR/ASSUNTOS/COMPETITIVIDADE-INDUSTRIAL/BUILDING-INFORMATION-MODELLING.1N/26-11-2018-ESTRATEGIA-BIM-BR-2.PDF

Além da energia que será direcionada para os racks, é preciso bastante energia para o sistema de refrigeração, pois essa é a segunda grande questão para os Data Centers. O ambiente tem muitos equipamentos instalados, que geram calor inerentes da própria atividade e esse espaço precisa ter um sistema de refrigeração excelente. É necessário ter bastante redundância nos sistemas para garantir que o serviço não seja interrompido basicamente nunca! As multas são altíssimas para minutos de inatividade no sistema. Imagina você, usuário, tentando pagar uma conta e o seu banco simplesmente não funcionar por uma falha no Data Center. Simplesmente inaceitável, por isso os clientes são muito exigentes.

Assim como todos os mercados, esse segmento está sempre em evolução, pois cada vez mais a demanda por dados e armazenamento cresce. Alguns elementos recém-chegados no nosso universo estão provocando uma revolução no segmento, como por exemplos: a inteligência artificial, realidade aumentada, inovações nos games e o carro autônomo.

Além da energia, obviamente, os Data Centers precisam ser abastecidos com cabos de fibra óptica, e nesse ponto também a localização é um ponto interessante, pois os pontos de chegada dos cabos internacionais se dão pelas cidades de Fortaleza/CE, Rio de Janeiro/RJ, Praia Grande/SP e Santos-SP. Pasmem, os continentes são conectados por cabos que vão por dentro do oceano. Você sabia disso?

> *"A infraestrutura de cabos submarinos é essencial para as telecomunicações, sendo responsável por mais de 90% (noventa porcento) da transmissão de dados entre os países e continentes.*
>
> *Além de empresas de telecomunicações, diversos provedores de conteúdo se utilizam de cabos submarinos para o transporte de dados.*
>
> *Os cabos submarinos ancorados na costa brasileira atendem as necessidades do sistema de telecomunicações nacional e viabilizam a interconexão de qualquer sistema de telecomunicações e internet da América Latina com os demais continentes do mundo."*

FONTE_HTTPS://WWW.GOV.BR/ANATEL/PT-BR/DADOS/INFRAESTRUTURA/CABOS-SUBMARINOS

Abaixo, imagem da malha de cabos submarinos globais:

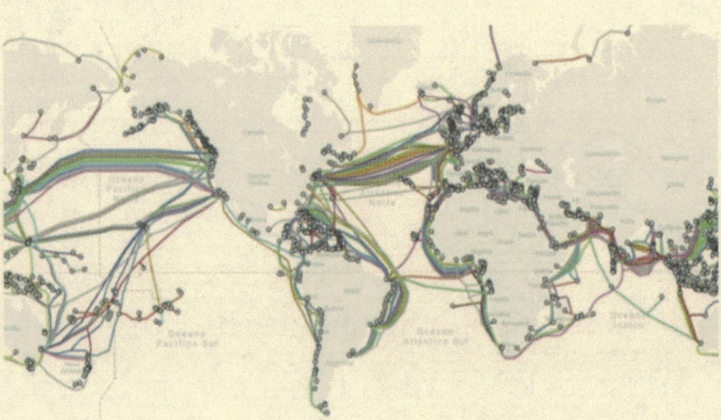

FIGURA_20_FONTE_HTTPS://WWW.SUBMARINECABLEMAP.COM/

Esse mercado de Data Center vem crescendo na América Latina cerca de 7,6% ao ano e o Brasil lidera esses investimentos, sendo responsável por 40% deles. Segundo dados da Arizton Advisory & Intelligence. E por que o Brasil está liderando na América Latina? Segundo dados do Ministério de Minas e Energia, 83% da matriz elétrica brasileira vêm de fontes renováveis. Somos bem abastecidos no quesito energia e você já entendeu que energia é um dos elementos mais relevantes para esse segmento. Além disso, somos um país muito populoso, quanto mais gente, mais dados são gerados por minuto.

> *"São paulo abriga o quinto maior complexo de data centers do planeta. Em barueri, na grande são paulo, está o quinto maior complexo de data centers do planeta. A empresa nasceu na pandemia, há apenas três anos quando as gigantes tecnológicas, as big techs, tiveram que se expandir a toque de caixa"*

FONTE_HTTPS://Q1.GLOBO.COM/JORNAL-DA-GLOBO/NOTICIA/2023/09/23/BRASILE LIDER-EM-INVESTIMENTOS-EM-CATA-CENTERS-NA-AMERICA-LATINA-CIDADE-NA. GRANDE SP-TEM-QUINTO-MAIOR-COMPLEXO-DO-PLANETA.GHTML

Espero que tenha deixado você no mínimo curioso para entender esse mercado que está ganhando tanta força. A meu ver, o Brasil tem tudo para ser uma grande potência global nesse segmento e faço minha aposta pública aqui! Claro que precisamos reduzir a carga tributária para importação dos equipamentos, pois os ocupantes dos Data Centers utilizam equipamentos de última geração que não são fabricados por aqui e os custos para colocá-los no país acabam inibindo algumas empresas de utilizarem o Brasil como base principal. De toda forma, acredito que no futuro esse cenário muda, mas, enquanto isso, tem muito trabalho pela frente nesse segmento. Faltou responder por onde começar para entrar nesse segmento e meu conselho é: estudando muito esse novo mercado e buscando conexão com os profissionais certos! No próximo capítulo, vou falar sobre Supply Chain e Blockchain para você bancar o "sabe tudo" nas rodinhas de conversa. Vamos lá?

CAPÍTULO 13

O QUE É SUPPLY CHAIN E BLOCKCHAIN?

“Supply Chain e Blockchain”:
O entendimento do conceito de supply chain (cadeia de suprimentos) é fundamental para otimizar a logística. Além disso, a tecnologia blockchain está revolucionando a rastreabilidade e a segurança das transações nesse setor.

Capítulo 13

O QUE É SUPPLY CHAIN E BLOCKCHAIN?

Supply Chain é o termo utilizado para definir a gestão da cadeia de suprimentos das empresas. E o que isso tem a ver com logística? Simplesmente tudo! Imagine uma cadeia de um produto onde temos: insumos, fabricação, centro de distribuição, distribuidores regionais, varejo e consumidor final. O processo como um todo é a cadeia de suprimentos, mas dentro de cada etapa existem processos logísticos e os centros logísticos, que são o objeto de estudo deste livro e fazem parte desse emaranhado.

Uma forma de definir o termo é que a logística é responsável pelo transporte e movimentação dos itens de um lugar para o outro, enquanto o Supply Chain garante a excelência desses movimentos, fazendo com que os itens sejam enviados para o lugar certo, dentro do tempo previsto, e com qualidade.

Para aplicar Supply Chain na sua empresa você precisa primeiro entender a sua realidade. Para empresas , o trabalho pode ser realizado com soluções simples como planilhas, mas claro que quando a complexidade aumenta, os softwares ligados a Supply Chain se tornam itens essenciais.

Já o Blockchain é uma tecnologia de armazenamento e transmissão de informações que se baseia em três pilares: transparência, descentralização e segurança.

> *"A transparência: todos podem consultar todas as trocas registradas em uma blockchain desde a sua criação;*
>
> *A descentralização: sua operação de rede torna o blockchain independente de qualquer órgão de controle central;*
>
> *A segurança: as trocas feitas através do blockchain são criptografadas e os dados são invioláveis."*
>
> FONTE_HTTPS://WWW.GENERIXGROUP.COM/BR/BLOG/SUPPLY-CHAIN-BLOCKCHAIN-DETALHADA

De forma resumida e simplista, o Blockchain é uma tecnologia que pode ser usada dentro da gestão da cadeia de suprimentos (Supply Chain); é mais um recurso de gestão tecnológica para suportar os desdobramentos da cadeia logística.

Abaixo, um exemplo de tipos de rede de distribuição, a última é a lógica do Blockchain em que a informação é distribuída ao mesmo tempo e chega em cada um desses "nós".

Imagine que isso representa um campo de batalhas, onde os nós são as centrais de comando da guerra. Qual das estratégias têm mais chances de vencer a guerra?

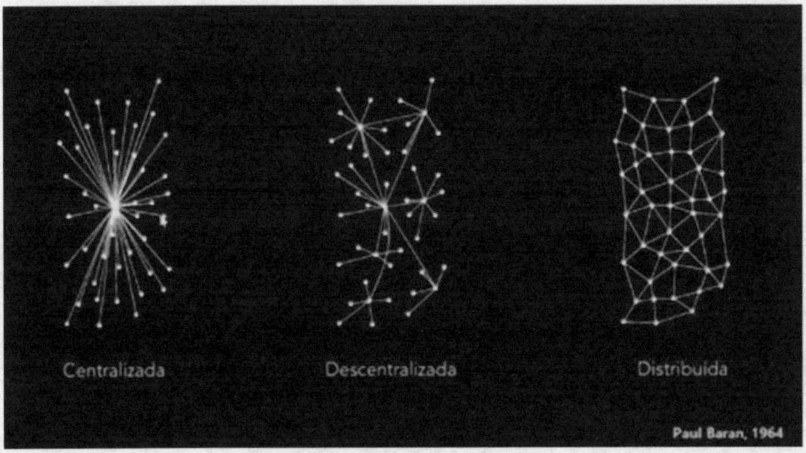

FIGURA_22_FONTE_PAUL BARAN 1964

O que eu preciso que você leve com você deste capítulo são esses dois termos, sua importância e aplicabilidade. Na hora de colocar em prática chamamos o pessoal de [2]TI para nos ajudar, combinado?

[2] Tecnologia da Informação

CAPÍTULO 14

IOT - INTERNET DAS COISAS E AUTOMAÇÃO

"IoT - Internet das Coisas e Automação":
A Internet das Coisas (IoT) está transformando a logística por meio da conectividade entre dispositivos. Sensores, rastreadores e automação permitem monitorar estoques, otimizar rotas e melhorar a eficiência operacional.

Capítulo 14

IOT - INTERNET DAS COISAS E AUTOMAÇÃO

Como a internet das coisas (IoT) pode auxiliar a potencializar os ganhos dentro do segmento logístico e industrial? Antes de tudo, o que é IoT?

> *"A Internet das Coisas (IoT) descreve a rede de objetos físicos incorporados a sensores, software e outras tecnologias com o objetivo de conectar e trocar dados com outros dispositivos e sistemas pela internet. Esses dispositivos variam de objetos domésticos comuns a ferramentas industriais sofisticadas. Com mais de 7 bilhões de dispositivos IoT conectados hoje, os especialistas esperam que esse número cresça para 10 bilhões em 2020 e 22 bilhões em 2025."*

FONTE_HTTPS://WWW.ORACLE.COM/BR/INTERNET-OF-THINGS/WHAT-IS-IOT/

Quando estamos falando de IoT o céu é o limite, temos inúmeras utilizações possíveis e dispositivos disponíveis para facilitar a operação do seu centro de logístico ou industrial.

Em um centro industrial, por exemplo, é possível obter uma vantagem competitiva importante utilizando sensores de monitoramento da linha de produção que identificam falhas no sistema e podem prevenir uma paralisação da sua linha de produção, ou identificar produtos com defeitos e retirá-los da esteira. Dentro do segmento industrial temos muitas opções, as particularidades da sua operação é que vão direcionar quais as melhores soluções IoT para sua produção, mas uma coisa é certa: investir nesses sistemas vai te poupar muito tempo e recursos.

Em um centro logístico as utilizações também são inúmeras. Antes mesmo da frota de veículos chegar no centro de distribuição, ela já pode ser monitorada, dessa forma é possível prever o horário de chegada ao centro logístico, por exemplo.

Outro exemplo, se o seu estoque precisa de um controle de temperatura, você pode utilizar sensores específicos para evitar que você perca seus produtos por alguma falha no sistema de refrigeração ou até mesmo uma onda de calor inesperada na sua região. Para os operadores do condomínio, sistemas inteligentes de portaria podem "estudar" e "aprender" a sua operação, compilar dados e informar seus horários de maior fluxo para que você possa tomar uma ação. Monitorar qualidade da água e seu nível de abastecimento, dentro dos reservatórios do condomínio, é viável utilizando sensores IoT.

Além desses sensores, também existem equipamentos como a doca rápida, que é um sistema de descarregamento rápido. O caminhão também precisa estar preparado para o sistema, mas é simplesmente incrível. Dá para descarregar um caminhão inteiro em três minutos. Itens mais simples, como esteiras rolantes também facilitam a operação do galpão e garantem algum nível de automação para sua cadeia. Porém, obviamente, dá para chegar em soluções mais robustas como AutoStore, que faz a separação das mercadorias por pequenos robôs que localizam os itens comprados e mandam para a mesa do operador, que vai fazer a embalagem final de envio ao cliente. Sugiro que você busque um vídeo sobre o tema para ver com seus próprios olhos.

Participei em 2020/2021 de um projeto em que o cliente final era um grande e-commerce de roupas e acessórios e, naquela ocasião, estavam trazendo essa tecnologia de AutoStore para o Brasil. O custo do equipamento era maior que todo o investimento feito na estrutura física do galpão.

Indo além, é possível combinar esses dados com o modelo digital para avançarmos para o nível de excelência de um gêmeo digital, mas isso é papo para outro livro. Ainda não estamos preparados para essa conversa, tem muito a ser feito antes de chegamos nesse ponto.

CAPÍTULO 15

COMPRAS TÉCNICAS SEM PERDER MUITO DINHEIRO

"Compras Técnicas e Economia":
A gestão de compras técnicas é um desafio constante. Como equilibrar a qualidade dos materiais com o custo? Estratégias inteligentes podem evitar desperdícios e reduzir gastos.

Capítulo 15

COMPRAS TÉCNICAS SEM PERDER MUITO DINHEIRO

Para ter um bom empreendimento basta ter o melhor projeto? Provavelmente você já sabe essa resposta. Não! A execução adequada é chave fundamental, mas nesse capítulo quero colocar luz em um tema que não vejo os empreendedores dando a devida atenção, que é o treinamento e capacitação do time, que realiza as compras para a obra.

Pode parecer uma tarefa fácil, afinal de contas, já existe um projeto, mas equalizar propostas é uma tarefa para lá de desafiadora. O comprador precisa entender o que ele está comprando, então, escolher um time com formação técnica é o primeiro passo, o segundo é garantir que esse time tenha vivência com projetos e obra.

O comprador precisa ser capaz de entender todos os itens do projeto e ser capaz de criticar e questionar. Se necessário, solicitar mais especificações aos responsáveis pela elaboração de modo a garantir que todos os fornecedores entendam o mesmo escopo de contratação.

Imagine uma situação em que o time de compras não tem domínio dos itens técnicos. Nesse caso acaba sobrecarregando outro setor com análises que deveriam ser feitas dentro da área de compras. No meu entendimento, o comprador precisa ser capaz de fazer a análise e validar a proposta. Isso economiza tempo e otimiza o processo de compra.

Outro exemplo, esse até engraçado. Uma compra feita pelo time de obras, nesse caso, um engenheiro *me* ligou para contar que eu tinha feito o projeto errado e não tinha colocado a bacia sanitária do banheiro PCD com abertura frontal, mas antes que eu pudesse dizer qualquer coisa já falou por cima: "Pode ficar tranquila que eu já resolvi aqui e mandei comprar todas as bacias do empreendimento corretas e com furo!"

Eu tive que ser a portadora dá má notícia e dizer que o projeto estava especificado corretamente e essa bacia com abertura frontal estava proibida pela NBR9050/15.

O ano do ocorrido era 2016, a norma já passou por mais uma atualização em 2020, mas a abertura frontal segue sendo proibida. Ele ficou sem graça e saiu correndo para tentar reverter com o fornecedor. Deu tudo certo no final e as bacias foram instaladas de forma correta.

Contei essa história para lembrar que não se deve fazer nenhuma alteração durante o momento da compra dos materiais, sem o prévio consentimento do responsável pela elaboração do projeto. Nesse caso foi possível reverter, mas existem situações em que há inclusive risco à vida humana se o projeto tiver itens alterados. Imagine se o comprador decide comprar os pilares com diâmetro menor para reduzir custo e a edificação vem abaixo. Compra é coisa séria e os profissionais precisam ser treinados para serem assertivos.

Um caminho possível para empresas maiores é ter compradores especialistas em determinadas compras, por exemplo, um comprador é especializado em compras de esquadrias, outro em comprar estruturas, outro, instalações e etc. Quanto mais for viável segmentar, mais especialista o comprador conseguirá ser em seu nicho.

Um ponto delicado de tratar, mas que precisa ser dito, é atenção às suas estratégias de compliance. A área de suprimentos acaba sendo muito delicada nesse aspecto. As compras precisam ser por competência e qualidade do material comprado, não podem existir interesses pessoais envolvidos. Então, fique atento às suas políticas para evitar situações constrangedoras.

Resumindo, não se trata de comprar o mais barato, o desafio é comprar certo! Por isso, o profissional de suprimentos precisa ter habilidades gerenciais, técnicas e de negociação. Atualmente, existem cursos de especialização dedicados a essa área. Então, a dica é olhar com cuidado para seu time de compras. Com os treinamentos adequados, só vai chegar pedido redondo na sua obra.

CAPÍTULO 16

MATERIAIS CONSTRUTIVOS MAIS UTILIZADOS NO BRASIL PARA GALPÕES

“ A grande importância da utilização de materiais de modo inteligênte “

Capítulo 16

MATERIAIS CONSTRUTIVOS MAIS UTILIZADOS NO BRASIL PARA GALPÕES

Existem muitos modelos de galpões e isso faz com que seja variados os materiais utilizados, principalmente quando falamos em galpões menores, e com menos infraestrutura. Porém, no caso dos condomínios logísticos e industriais mais estruturados, conseguimos perceber alguns padrões de materiais mais usuais e é sobre esse recorte que vamos conversar.

Falando sobre a estrutura do galpão, pilares e vigas, o que é mais utilizado são as estruturas metálicas ou mistas, que utilizam pilares pré-moldados de concreto e treliças metálicas. Sobre o formato dessas estruturas de cobertura, as treliças são bastante utilizadas, mas vemos uma tendência crescente por estruturas mais esbeltas, como as espaciais. Abaixo, um exemplo de estrutura mista:

FIGURA_23_FONTE: HTTPS://WWW.DAGNESE.COM.BR/WEB/OBRAS_DETALHES.PHP

Para o fechamento do galpão, o mais comum é o fechamento com telhas metálicas com um trecho de alvenaria ou painéis pré-moldados na base. Vem aparecendo também com mais frequência no Brasil o Tilt-Up; essa forma de construir é amplamente utilizada nos EUA, mas vem ganhando força por aqui.

> *"O processo construtivo Tilt-Up consiste em produzir "in loco" paredes de concreto que são preparadas utilizando o piso da fábrica como forma; a seguir, são içadas para cima por guindaste e colocadas em posição. O tempo de construção do Tilt-Up, do final da concretagem do piso ao término da montagem, normalmente, é inferior a quatro semanas. Tilt-Up combina custo razoável, baixa manutenção, durabilidade, atrativos arquitetônicos, e velocidade de construção."*

FONTE_HTTPS://WWW.DIASE.COM.BR/TECNOLOGIA.PHP

FIGURA_24_ FONTE: HTTPS://WWW.DIASE.COM.BR/TECNOLOGIA.PHP

Na imagem acima, temos um exemplo de galpão em Tilt-Up, com pilares pré-moldados de concreto e estrutura de cobertura metálica. Já no fechamento interno vemos uma variação maior, os mais utilizados são: fechamento metálico, drywall e isopainel.

Outro ponto relevante são as portas de docas. As portas metálicas de enrolar são amplamente utilizadas, sejam elas manuais ou automatizadas. Porém, as portas seccionais ganham bastante força nesse mercado, elas têm um custo mais alto, porém, tem inúmeras vantagens.

Elas também são utilizadas tanto com acionamento manual, quanto automatizado. Para o fechamento da cobertura, as telhas zipadas e telhas trapezoidais são bastante utilizadas; no caso da zipada ela permite uma inclinação melhor que é uma vantagem para ganhar pé direito livre no galpão.

Por fim, é importante sinalizar a importância da ventilação e iluminação naturais. Para isso utiliza-se exaustores como, por exemplo, tipo Roberts que garante as trocas de ar do ambiente e para iluminação zenital os domos cumprem esse papel.

O objetivo deste capítulo foi trazer uma visão global dos principais itens utilizados nos galpões em condomínios logísticos e industriais no Brasil, mas sempre é necessário estudar caso a caso, pois as condições do terreno e climáticas podem interferir nas recomendações para os materiais.

No próximo capítulo vou explicar sobre o licenciamento de condomínios logísticos e industriais. Como são empreendimentos de impacto, eles têm suas particularidades para conseguir todas as licenças de obra e operação.

Vamos lá?

CAPÍTULO 17

LICENCIAMENTO DE CONDOMÍNIOS LOGÍSTICOS E INDUSTRIAIS NO BRASIL

“Licenciamento de Condomínios Logísticos e industriais.”:
O processo de licenciamento envolve questões legais, ambientais e de infraestrutura. Conhecer as regulamentações e obter as licenças necessárias é crucial para o sucesso do empreendimento.

Capítulo 17

LICENCIAMENTO DE CONDOMÍNIOS LOGÍSTICOS NO BRASIL

Aprovar empreendimentos de grande porte é desafiador, são muitos órgãos para consultar e legislações para atender no detalhe. Surgem muitas dúvidas na hora de começar, mas vou te direcionando para os pontos principais para você conseguir fazer uma aprovação bem-sucedida.

Sem os documentos de propriedade você não consegue avançar com as solicitações juntos aos órgãos competentes, sendo assim, para início do processo de legalização, o primeiro passo é entender os documentos que tangem a propriedade do imóvel. Verificar se já tem a escritura de compra e venda finalizada, pagamento do ITBI (Imposto sobre Transmissão de Bens e Imóveis) e averbação da escritura de compra e venda na matrícula do imóvel.

Esses itens iniciais são seu ponto de partida, qualquer problema que encontrar nesses documentos precisa ser corrigido. Se você já está na etapa de licenciamento certamente já passou por uma [3]*due diligence* para verificação de todos os documentos de compra.

Outro item que você já precisa possuir é um levantamento topográfico da área, nele é importante constar o perímetro conforme descrito na matrícula e área real (se houver divergências). Existindo divergências maiores que 5% da área total, sugiro fazer um processo de retificação de área para evitar problemas durante sua aprovação.

Se o terreno for parte de uma gleba maior, você precisará passar por um processo de desmembramento junto ao cartório e Prefeitura. Esse item pode demorar algum tempo para ser concluído, então inicie o quanto antes.

Esse terreno já está em área urbana? Possui IPTU (Imposto sobre a Propriedade Predial e Territorial Urbana)? Esses questionamentos são importantes, pois para iniciar a aprovação de um empreendimento ele precisa estar em área urbana, possuir número de IPTU e cadastro na Prefeitura. Uma dica superimportante é verificar se a baixa do INCRA foi feita, muitos esquecem de fazer esse processo e dá uma dor

3 DUE DILIGENCE (DILIGÊNCIA PRÉVIA, EM PORTUGUÊS) REFERE-SE AO PROCEDIMENTO DE ESTUDO DOCUMENTAL, TENDO POR OBJETIVO ANALISAR POSSÍVEIS RISCO DE UMA TRANSAÇÃO E TRAZER SEGURANÇA JURÍDICA.

de cabeça para resolver depois, mas você anotou essa e não vai passar essa raiva!

Sua área já foi objeto de parcelamento de solo? Verifique essa questão e entenda se terá que passar por um processo de loteamento. Para áreas muito grandes, esse desafio é mais frequente. Esse ponto é bem relevante, pois se houver a necessidade de passar pelo loteamento será necessário fazer as doações de áreas conforme a legislação e abertura de viário.

Documentos de propriedade verificados e regularizados, agora sugiro você verificar incentivos fiscais que possam existir para sua área. É comum existir benefícios como redução de IPTU e ISS, então, vale muito a pena fazer essa consulta.

Próximo passo é solicitar as viabilidades técnicas de água, esgoto, energia junto às concessionárias locais. Esses documentos são importantes, pois te orientam como o terreno será atendido por esses serviços. Por exemplo, há locais onde não há rede de esgoto disponível e você precisará considerar o valor da estação de tratamento de esgoto no seu orçamento; ou o ponto de tomada de água que eles indicaram está a 2 km de distância e você terá que custear a interligação. Essas viabilidades são o ponto de partida para os projetistas iniciarem seus projetos.

Outro documento é a viabilidade do uso do solo. Cada Prefeitura chama esse documento por um nome específico; ele contém as informações básicas do lote, como zoneamento e usos permitidos no local. É importante verificar se na Prefeitura é necessário solicitar a aprovação de seu projeto para mais de uma Secretaria, por exemplo, Secretaria de Planejamento Urbano e Secretaria de Meio Ambiente.

Como estamos tratando de empreendimentos geradores de impacto, precisamos verificar também se a Prefeitura local exige a aprovação de EIV (Estudo de Impacto de Vizinhança) ou RIU (Relatório de Impacto Urbano). Ambos têm o mesmo conteúdo técnico, o que muda é a nomenclatura de cada Prefeitura.

Superadas as etapas descritas anteriormente, já se pode verificar os documentos necessários para dar entrada na aprovação do projeto legal de arquitetura. O que geralmente solicitam são documentos de propriedade, projeto legal de arquitetura e documento de responsabilidade técnica do responsável pelo projeto e obra (RRT para arquitetos e ART para engenheiros.)

É importante verificar previamente a elaboração dos projetos caso a Prefeitura tenha definido um padrão de recebimento dos projetos. Por exemplo: há Prefeituras que só aceitam um projeto completo, enquanto outras só aceitam analisar um projeto simplificado.

Certa vez, elaboramos um projeto legal. A Prefeitura não fornecia informações sobre seus padrões de preferência, então fizemos um projeto bastante completo e, pasmem, o técnico pediu para simplificar, pois estava difícil demais para analisar. É cada uma que temos que escutar pelo Brasil a fora que, se contarmos, ninguém acredita! Então, a dica é: Pergunte! Se ficar nebuloso, você pode contratar um consultor local para te ajudar na tramitação; esse recurso pode te ajudar a economizar algum tempo.

Agora, vamos falar sobre licenciamento ambiental. A primeira pergunta que você precisa saber a resposta é: se o licenciamento ambiental é feito na esfera municipal ou estadual? Isso muda todo processo. Quando é municipal, geralmente a tramitação é mais rápida do que quando precisa ser aprovado no Estado. Quando é estadual, terá que consumir bastante do seu estoque de paciência e resiliência.

O licenciamento ambiental é mais difícil de generalizar, pois há locais em que você vai conseguir uma simples dispensa de licenciamento e outros em que precisará solicitar Licença Prévia, Licença de Instalação e Licença de Operação. Então, minha dica é: informe-se sobre as exigências da sua cidade, o quanto antes, para conseguir estimar melhor seus prazos de aprovação.

Se existir vegetação a ser suprimida, você precisará solicitar a licença de supressão, nesse caso, o processo pode ser simples ou bem complicado como é o caso quando existe no terreno algum exemplar de vegetação protegida por legislação específica. Geralmente, é exigida uma compensação pelos itens retirados.

Se existir alguma edificação no terreno, não se esqueça de solicitar a licença de demolição. Esse item costuma ser liberado rapidamente, mas, em alguns casos, exigem levantamento das edificações existentes.

Em algumas Prefeituras, o alvará de construção e terraplenagem são unificados e em outras são dois documentos distintos. Importante verificar, pois pode-se ganhar algum tempo solicitando a licença de terraplenagem e já adiantar esse serviço da sua obra. Em algumas Prefeituras, também é exigida a aprovação do projeto de drenagem. É importante checar se a concessionária tem capacidade de atendimento para seu volume de drenagem. Se não, verificar a necessidade de autorização para lançamento da drenagem em corpo hídrico. Essa recomendação vale também para o ponto de lançamento da ETE (Estação de Tratamento de Esgoto), pois em alguns locais é permitido lançar no corpo hídrico e em outros terá que utilizar sumidouros (esta dica só vale para empreendimentos que não são atendidos pela rede de esgoto. Informação que você irá receber na viabilidade).

O projeto hidrossanitário também tem sua aprovação exigida em alguns casos e em outros, não. O projeto de incêndio também tem momento certo para apresenta-lo. Algumas Prefeituras exigem que você já tenha a aprovação do Corpo de Bombeiros, antes de iniciar o processo, enquanto outras cobram apenas o protocolo de entrada junto aos Corpo de Bombeiros. Vale consultar também a necessidade de aprovação de projeto de canteiro de obra, item exigido por algumas Prefeituras.

Você está em frente a uma rodovia?

Se sim, precisará desenvolver e aprovar um projeto de acesso junto à concessionária que administra a rodovia em questão ou junto ao órgão estadual/federal para as rodovias não privatizadas. Para o caso de estar em frente a uma rodovia, lembre-se de consultar e respeitar a faixa de domínio e a faixa não edificante.

Deu para perceber que não é uma tarefa fácil licenciar empreendimentos, certo?

Espero que esses direcionamentos te ajudem a seguir um caminho mais tranquilo.

No próximo e último capítulo vou entregar um super presente que é um guia de como começar para construir um condomínio logístico e industrial.

Vou relembrar vários pontos abordados ao longo de todo livro.

CAPÍTULO 18

POR ONDE COMEÇAR PARA CONSTRUIR UM CONDOMÍNIO LOGÍSTICO OU INDUSTRIAL?

“Por onde Começar na Construção”:
Construir um condomínio logístico ou industrial, requer planejamento minucioso. Desde a escolha do terreno até a definição do layout, cada passo deve ser estrategicamente pensado.

Capítulo 18

POR ONDE COMEÇAR PARA CONSTRUIR UM CONDOMÍNIO LOGÍSTICO OU INDUSTRIAL?

O primeiro passo é encontrar o terreno adequado. A localização geográfica do seu empreendimento é um item muito importante para seu sucesso , então demande tempo para fazer uma boa escolha. A proximidade a rodovias, grandes avenidas, aeroporto, linha férrea e portos é um diferencial interessante, claro que vai depender do objetivo do seu empreendimento, mas, em geral, estar próximo aos modais é um atrativo.

Além da localização, você precisa fazer uma análise da documentação do terreno. Imagina um terreno que seja um espólio de 15 herdeiros? Já sabe que vai demorar para conseguir finalizar as negociações e compra. Uma [4]*due diligence* bem-feita é o segredo para essa etapa, não economize e contrate especialistas para te ajudar, caso essa não seja sua expertise. Combinado?

4 DUE DILIGENCE (DILIGÊNCIA PRÉVIA, EM PORTUGUÊS) REFERE-SE AO PROCEDIMENTO DE ESTUDO DOCUMENTAL, TENDO POR OBJETIVO ANALISAR POSSÍVEIS RISCO DE UMA TRANSAÇÃO E TRAZER SEGURANÇA JURÍDICA.

A análise passa também pela legislação local, pois você precisa verificar se é realmente possível executar seu empreendimento nesse local em função do zoneamento, por exemplo.

Antes de finalizar a etapa de compra é importante elaborar um estudo arquitetônico para entender o potencial construtivo da sua área. Esse estudo tem muitos nomes, há alguns que chamam de estudo de massa, outros de estudo preliminar e os que gostam de um estrangeirismo o charmoso *masterplan*. São muitos nomes, mas o produto é similar; a ideia nesse momento é analisar o escopo inicial e traduzi-lo em forma de desenho.

Essa etapa é bastante importante e precisa ser feita por um especialista, lembre-se que seu custo de planejamento e projetos é infinitamente menor que o da obra, então não economize nas etapas que têm potencial para fazer você economizar muito, definindo as melhores soluções.

O estudo preliminar costuma ser uma etapa de muitas mudanças e isso é normal e esperado, afinal de contas, é nesse momento que você está definindo o seu produto. Demande tempo por aqui para não ter retrabalhos lá na frente. Seu fornecedor de projetos vai sempre atender mudanças, ainda que fora de hora, mas esse retrabalho gera custo de revisão. Se o seu projeto for industrial cabe elaborar também uma prévia do layout interno operacional, pois o projeto demanda mais particularidades para atender ao uso industrial.

Tendo em mãos a *due diligence* do terreno, análise da legislação e estudo preliminar você consegue partir para um orçamento preliminar e fechar a viabilidade do seu negócio. Com o custo fechado, você consegue calcular o seu custo de aluguel ou venda e entender se o mercado no qual está inserido seu terreno suporta esses valores.

Além disso, consegue calcular sua taxa de retorno. Esse material é de suma importância para ser apresentado a investidores ou decisores da sua empresa. Se o terreno e o projeto passaram pelas etapas anteriores é hora de finalizar o processo de compra e iniciar a legalização do seu projeto.

Espero que sua jornada pelo universo dos galpões logísticos e industriais comece por aqui e que esse conteúdo tenha te direcionado a fazer boas escolhas.

Continuamos juntos nessa?

Glossário da logística:

ABL – ÁREA BRUTA LOCÁVEL.

ÁREA DE PICKING – picking significa "pegar", refere-se à região destinada a separação dos pedidos, que pode ser de forma unitária ou por palete, por exemplo. Há formas manuais e automatizadas para realizar o processo de picking.

ARMAZENAGEM – área destinada ao estoque de mercadorias, geralmente em porta-palete.

B2B – Business to business (empresa para empresa). É a denominação de comércio entre empresas.

Benchmarking – é um processo de estudo da concorrência com objetivo de entender as melhores práticas.

BI-TREM – veículo de grandes proporções com um ou dois semirreboques.

BTS – BUILT TO SUIT (Tradução: Construído Sob Medida).

CD – Centro de distribuição.

COBERTURA DE DOCA – Cobertura de proteção para o caminhão durante o carregamento e descarregamento. Geralmente tem entre 3 m e 8 m.

CROSS DOCKING – movimentação rápida de carga. Os armazéns cross docking não possuem áreas de armazenagem paletizada; basicamente o que o ocorre é um fracionamento e distribuição da carga para veículos menores.

DARK STORE – a tradução seria loja escura, mas significa uma loja de portas fechadas, que funciona como ponto de distribuição de produtos vendidos por e-commerce.

DOCA – local onde é feito o carregamento e descarregamento do caminhão.

DOCA SIDER – Um tipo de doca que tem um patamar lateral para caminhões com carregamento/ descarregamento lateral. (exemplo: caminhão da Coca-Cola.)

EMPILHADEIRA – máquina utilizada para empilhar paletes, transportar mercadorias de um ponto a outro, dentro do espaço de armazenamento.

ESG – Environmental, Social and Governance (traduzido como meio ambiente, social e governança), são as práticas ambientais, sociais e de governança em uma corporação.

FULFILLMENT – termo em inglês que não tem tradução literal, mas faz referência ao cumprimento de todo o processo que o produto faz, até chegar ao consumidor final.

GESTÃO IN HOUSE – termo é utilizado quando uma empresa assume toda a operação de armazéns, distribuição e transferências nos centros de distribuição.

HUB LOGÍSTICO – locais estratégicos para redistribuição de mercadorias.

LAST MILE – última milha, faz referência ao último trajeto que a mercadoria faz até chegar ao consumidor final.

LOGÍSTICA OMNICHANNEL – é uma abordagem que visa integrar perfeitamente os diferentes canais de vendas e de distribuição da empresa.

LOGÍSTICA REVERSA – processo de planejamento, implementação e controle de materiais, produtos e informações do ponto de consumo para o ponto de origem. Relacionado a recuperar, reciclar ou descartar de forma ambientalmente adequada os resíduos gerados.

MARKET SHARE – é um indicador de mercado que representa a quota de participação de determinada empresa, em determinado mercado. As empresas estão sempre disputando para terem uma maior fatia.

MULTIUSUÁRIO – galpão com diferentes ocupantes.

OPERADOR LOGÍSTICO – empresas responsáveis por assumir a responsabilidade de uma ou todas as etapas da cadeia de suprimentos.

PALETIZAÇÃO – é um método de armazenagem que utiliza porta-paletes para empilhar as mercadorias. Um bom projeto de paletização pode gerar muita economia de espaço de armazenagem.

PÉ DIREITO – distância entre o piso e o teto do galpão.

PHYDIGITAL – aquele que transita harmonicamente entre os meios físico e digitais ao consumir produtos, entretenimento ou serviço.

TORRE DE CONTROLE – central de informações sobre as operações de pátio e de transporte da empresa.

TRIPLE A. – galpão com certas características de excelência construtiva, como: tipo e carga de piso, pé direito, presença de sprinklers, entre outros elementos (Tradução: Classe A).

TURNOVER – taxa de rotatividade de colaboradores de uma empresa. Mede a relação entre o número de pessoas que deixam a organização e a entrada de novos talentos.

Achou que faltou algum termo? Se sim, promete que me avisa para eu colocar na próxima edição?

PÓSFÁCIO

São Paulo, quinta-feira, 17 de março de 1994 FOLHA DE S.PAULO **mercado**

Texto Anterior | Próximo Texto | Índice

Mappin festeja sucesso de loja eletrônica

DA REPORTAGEM LOCAL

O projeto piloto do "magazine eletrônico" do Mappin está comemorando "90 dias de sucesso" com o anúncio da abertura "em breve" de 3 a 5 novas lojas em cidades pequenas e médias do Estado de São Paulo.

Sérgio Orciuolo, subdiretor de Comunicações e Promoções do Mappin e diretor do projeto Loja Eletrônica, se diz "eufórico" com os primeiros resultados das vendas da primeira loja inteiramente eletrônica do país.

Na loja eletrônica do Mappin, inaugurada no dia 30 de novembro passado, no bairro Gonzaga (shopping Parque Balneário), em Santos, os clientes fazem suas compras com toques na tela, em um processo semelhante aos bancos eletrônicos, escolhendo os produtos através de imagens e "historinhas".

A loja eletrônica pioneira de Santos representa o casamento perfeito da tecnologia de informática da IBM com a experiência varejista de 80 anos do Mappin.

Por "respeito à concorrência", Orciuolo não divulga os números das vendas e o faturamento nos três primeiros meses da loja eletrônica, bem como o valor dos investimentos na próxima fase do projeto.

Falando sobre os planos futuros para o projeto, ele diz, porém, que os resultados iniciais foram tão satisfatórios que o "céu é o limite".

"O sistema oferece muita comodidade ao consumidor, que vê uma loja inteira desfilar diante de seus olhos na tela, em um atendimento exclusivo um a um', diz o diretor do projeto Loja Eletrônica.

A loja eletrônica do Mappin tem dois quiosques "solo", ou auto-administráveis, com operações feitas pelo consumidor diretamente na tela, e cinco quiosques com assistência de promotores de vendas para as pessoas "inibidas" no uso da eletrônica.

O sistema, que comercializa em 100 metros quadrados de loja toda a imensa linha de produtos do Mappin, que normalmente exige uma área de 5 mil metros quadrados, foi considerado pela sede mundial da IBM como "a melhor solução" entre os projetos que a empresa participou em 1993.

Texto Anterior: Salões convertem pela média
Próximo Texto: A Daewoo chega ao país com o Espero
Índice

FIGURA 23

"Mappin, venha correndo Mappin, chegou a hora Mappin, é a liquidação!" (se você cantou mentalmente, viveu bem os anos 90).

Você deve estar se perguntando o que faz essa matéria da Folha de São Paulo de 17 de março de 1994 e esse famoso jingle do Mappin. Vou te contar essa grata surpresa que descobri durante esta jornada de escrita deste livro. No período em que escrevia um dos capítulos que tratava sobre e-commerce fui a praia com minha mãe ao final de semana e comecei a contar um pouco sobre o que estava escrevendo. Ela interrompeu e me perguntou:

"Você sabia que seu pai participou da primeira loja eletrônica que existiu no Brasil?"

Minha cabeça deu tela azul e eu fiquei tentando processar o que ela acabava de me contar e o porquê que eu nunca soube disso. Meu pai faleceu durante o processo de escrita do livro, então não pude perguntar diretamente a ele sobre essa história, mas estou segura de que ele adoraria me contar.

Bom, eu perguntei tudo o que ela sabia a respeito, mas ela lembrava, sem muitos detalhes, que era uma loja localizada no Shopping Parque Balneário, em Santos-SP, que não havia mostruário algum, apenas computadores para que os clientes pudessem escolher os seus produtos e que eu era bem pequena quando a loja existia. Spoiler: nasci em 1989 e a loja ficou aberta entre 1993 e 1996, então eu já era uma forte garotinha de quatro anos!

Entretanto, ela me deu uma informação muito importante: o gerente da loja era o melhor amigo do meu pai, Antonio Henrique Centrone, para mim, o tio Toninho, e o supervisor Ezio Olivato de Souza, para mim, o tio Ezio, e felizmente eles estavam acessíveis para me contar detalhes. E por que isso é relevante neste livro? Porque enquanto eu escrevia este livro para contar um pouco do que sei sobre arquitetura logística eu descobri quem plantou as raízes da inovação em mim. Sem que eu notasse, eu cresci em um ambiente fértil vendo que ser diferente, disruptivo e inovador era incrível! Eu nem sei quem eu seria sem o movimento do *novo* na minha vida. Quem me conhece um pouquinho sabe que eu sempre tenho alguma ideia fora da caixa para tirar da cartola a qualquer momento, e uma boa habilidade de liderar as pessoas para fazer acontecer; acho que foi essa a herança que meu pai me deixou de presente.

Essa era uma história antiga, mas nova para mim, então, comecei uma verdadeira investigação para entender melhor e contar para vocês como nasceram as primeiras sementes do e-commerce no Brasil. Nessa época, eu diria que a loja era um meio e-commerce e logo vou explicar o porquê, mas o fato é que ela foi disruptiva para sua época, um motivo de muita curiosidade e sucesso!

Para contextualizar melhor, o Mappin foi uma grande loja de departamentos que existiu no estado de São Paulo. Eram megalojas, super visitadas, tinha múltiplos andares e vendia tudo o que você puder imaginar. O Antonio Centrone contou no seu relato que o seu sonho era de trabalhar no Mappin e me lembro bem do meu pai dizer, com bastante orgulho, que ele era do time do Mappin. Então, era uma empresa que encantava clientes e colaboradores. Assim como eles, muitas pessoas sonhavam em trabalhar no Mappin e comprar seus produtos.

FIGURA_24_FOTOGRAFIA MAPPIN

A ideia da loja eletrônica surgiu dentro do alto escalão do Mappin. Sergio Orcioulo, na época um dos diretores, é um dos nomes que sabemos que encabeçou esse projeto. Meu pai, Wellington Menezes Rios, atuava na contabilidade do Mappin, mas ao que nos consta tinha uma grande influência sobre os líderes do projeto e acabou sendo também protagonista desse projeto, tanto que quem tocou a loja, durante seu período de existência, foram pessoas de sua extrema confiança.

Existia um programa chamado *TV Mappin* que passava na Emissora Record e tinha aproximadamente uma hora de duração; nele eram apresentados alguns dos produtos da loja Mappin que poderiam ser adquiridos pelo telefone, isso na época já era bastante inovador, vamos lembrar que estamos falando do início dos anos 90. Esse programa era um sucesso e trazia muito retorno financeiro. Partindo desse ponto, na estratégia de expansão do Mappin estava a cidade de Santos, que não tinha lojas físicas do Mappin e era uma cidade bastante turística. O plano inicial era ocupar uma grande loja no Shopping Miramar, mas a concorrente Mesbla já estava por lá, então a ideia avançou para ser uma loja pequena, sem estoque e com muita inovação no Shopping Parque Balneário, que fica bem pertinho do Shopping Miramar.

Na imagem abaixo, uma captura de tela do programa TV Mappin:

FIGURA_25_PROPAGANDA

Infelizmente, não consegui uma foto da fachada original da loja TV Mappin no Shopping Parque Balneário, mas tenho os relatos de Antonio Centrone e Ezio Olivato para nos fazer imaginar esse local.

Imagine uma loja de esquina com cerca de 150 m², dividida em um pavimento principal e um mezanino. No pavimento de entrada havia quatro totens com computadores, cada computador tinha uma mesa com duas cadeiras, uma para o vendedor e outra para o cliente. Os computadores ficavam acessíveis para a pessoa sentada, havia uma estrutura que protegia os equipamentos, mas o que ficava em evidência eram as telas com tecnologia touch screen, uma super novidade na época. Era só tocar na tela para fazer acontecer!

Os usuários podiam navegar e fazer a compra sozinhos, porém segundo o gerente Antonio Centrone, isso nunca chegou a acontecer, pois as pessoas não tinham familiaridade com essa tecnologia, então o papel do vendedor, nesse caso, era explicar como funcionava a plataforma, apresentar a loja eletrônica, finalizar a compra e encaminhar o cliente ao caixa físico. As compras não eram pagas pelos computadores da loja eletrônica, a compra era finalizada no totem, mas o pagamento era feito em um caixa físico, como em uma loja convencional.

A loja eletrônica foi uma parceria da IBM, referência em tecnologia com o Mappin, que era uma marca forte no varejo e com o TV Mappin, que era um projeto que levava os produtos Mappin para além das fronteiras do estado de São Paulo, por meio de um televendas.

Para atrair público para dentro da loja eletrônica, eles criavam experiências com os produtos, por exemplo, a promoção de um liquidificador era feita através de uma aula de culinária, no mezanino da loja, utilizando o tal liquidificador. Isso dava um bom retorno de movimento e conectava as pessoas à loja. Olha isso, em 1993 a turma estava ligada em produzir experiências com clientes para conectar de uma forma melhor o seu público com a marca!

A razão social dessa loja eletrônica era Retail Prom de Vendas e Repres. Com. S/C LTDA, mas o nome na vitrine e nos uniformes era TV Mappin. Na imagem abaixo, temos uma foto da carteira de trabalho do Ezio Olivato, que mostra suas passagens pela loja eletrônica; primeiro como promotor e depois como supervisor da loja. A data de saída marca também o fim da loja eletrônica. Em 1996, ele e Antônio Centrone foram relocados para a loja Mappin, em São Paulo, capital.

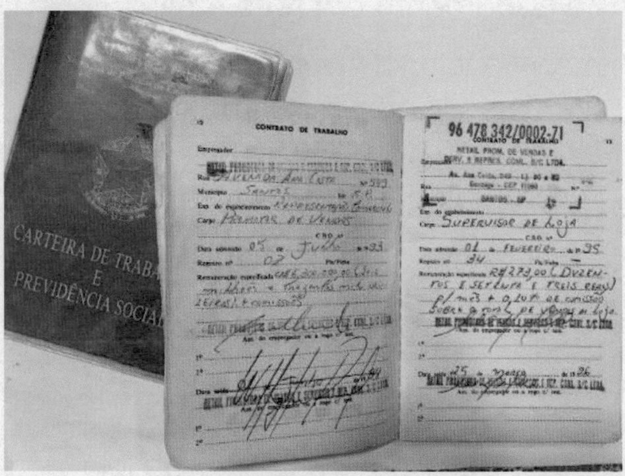

FIGURA_26_ARQUIVO PESSOAL_FONTE_FOTO DA CARTEIRA DE TRABALHO DE EZIO OLIVATO DE SOUZA.

Por que fechou? Não dava retorno financeiro? Os motivos do fechamento provavelmente estavam relacionados à decadência do próprio Mappin que faliu pouco tempo depois. Os reais motivos nunca foram divulgados, porém o histórico de vendas da loja era impecável, sempre deu lucro e seu rendimento era comparável a lojas físicas da capital paulistana.

Agora, falando de logística, a cadeia logística, que estava por trás dessa estrutura das lojas físicas Mappin, TV Mappin e loja eletrônica, era grande. O Centro de Distribuição ficava no Tamboré, próximo a São Paulo. Era dele que saíam todas as mercadorias para as lojas físicas, encomendas do TV Mappin e Loja eletrônica. No relato de Antonio Centrone, ex-gerente da loja eletrônica e que também trabalhou nesse CD no Tamboré, consta que os desafios logísticos na época eram grandes, principalmente com produtos entregues danificados e fora do prazo previsto. Além disso, o sonho Mappin era tão bem vendido pelo time de marketing que as pessoas esperavam receber seu produto pelo caminhão verde do Mappin e por um time uniformizado Mappin, entretanto, fora da cidade de São Paulo as transportadoras eram terceirizadas e isso causava uma frustração nos clientes.

Então, na minha singela opinião, esse foi um dos brotinhos do e-commerce brasileiro que floresceu e abriu espaço para o futuro que estava por vir. Ele ainda era um meio e-commerce, afinal de contas ,você precisava se deslocar até a loja e pagar em um caixa físico, mas convenhamos que, em 1993, o número que residências que tinham computadores eram poucas e se hoje em dia ainda tem gente que tem receios de fazer compras online, imagina em 1993.

Eu me sinto feliz em ter descoberto essa joia pelo caminho, pois nunca tinha entendido muito bem o motivo do universo dos galpões, da logística e principalmente da inovação terem me conquistado desde tão cedo, mas, no final dessa jornada que foi escrever meu primeiro livro, algumas peças se encaixaram e agora vejo com clareza que, na verdade, estou a continuar uma jornada que é bem mais longa que os meus 34 anos, que o chão que eu pisei já estava pavimentado por quem chegou antes de mim e espero ter pavimentado, mesmo que só um "cadim", o seu caminho também.

Obrigada por termos chegado juntos até aqui, e se quiser falar comigo, estou a uma mensagem de distância.

ANDRIELLI RIOS

Instagram: @andrielli.rios
linkedin: andriellirios